智慧的传承

吴为民 著

中国书籍出版社

图书在版编目（CIP）数据

智慧的传承 / 吴为民著. —北京：中国书籍出版社，2023.2
ISBN 978-7-5068-9350-3

Ⅰ.①智… Ⅱ.①吴… Ⅲ.①思维科学—研究—中国
Ⅳ.①B80

中国国家版本馆CIP数据核字（2023）第025772号

智慧的传承

吴为民　著

责任编辑	马丽雅
责任印制	孙马飞　马　芝
封面设计	中尚图
出版发行	中国书籍出版社
地　　址	北京市丰台区三路居路97号（邮编：100073）
电　　话	（010）52257143（总编室）（010）52257140（发行部）
电子邮箱	eo@chinabp.com.cn
经　　销	全国新华书店
印　　刷	天津中印联印务有限公司
开　　本	880毫米×1230毫米　1/32
字　　数	209千字
印　　张	9
版　　次	2023年2月第1版
印　　次	2023年2月第1次印刷
书　　号	ISBN 978-7-5068-9350-3
定　　价	48.00元

版权所有　翻印必究

前　言

中国古人具有独特的智慧及智慧思维模式，这些智慧都潜藏于历史事件、故事、传说和典籍当中。虽然很多智慧传承至今，但依然有很多没理清正确的对应脉络，只知其然，不知其源；对其智慧思维模式的阐释也尚有欠缺，只知其然，不知其所以然。本书是以充满智慧的《道德经》为研究蓝本，分析解码其中的智慧思想及其背后的思想逻辑，并领略综合了全局思维、辩证思维、逻辑思维、形象思维和直觉思维的智慧思维模式，更好地古为今用、更好地传承。

《道德经》虽只有5000余字，但其体系庞大而复杂，经文版本众多，需要仔细分析处理才能正确解码。笔者在研读老子《道德经》的过程中，集个人丰富的人生经历及全部所学，同时不断汲取《道德经》本身的智慧，独创了"七维参悟解码"方法来解析《道德经》，从而有独到的解译。核心方法是从《道德经》的整体出发，结合辩证思维、逻辑思维、形象思维和直觉思维等，通过对多种相关信息的汇集处理，解码出每一章的主旨，同时解译具体的疑难句并校订经文，也就能更精准地分析解码出其中的智慧和背后的智慧思维模式。这不是拿某一个版本的《道德经》对着文句就能分析解码出来的。

本书以《道德经》各章主旨的解码，疑难句、歧义句的解译及经文校订为核心工作，且三者相辅相成，从而贯通全篇思想，并在此基础上，对各章做了精译和导读，还编撰了多个比较有价值的副产品放于本书附录,这将会在便于读者真正读懂、读通《道德经》的同时,能更好地理解其中的智慧和背后的智慧思维模式,也可以为更好地传承中华传统文化和智慧做出一份贡献。

序　言

  笔者虽主修及从事机电、软件等理工科专业，但其他爱好也不少，包括学习国学，并于 2005 年左右开始全面深入研读《道德经》，有所领悟后就将其应用到自己的生活、学习和创业工作中。2015 年左右，受一档电视节目的启发，熟练地背下了整部《道德经》。2021 年，开启自媒体，开始对自己熟悉的《道德经》撰写解读。

  后来写着写着就发现，解惑了不少存疑，并发现自己解码计算机软件代码等能力、经验，可以在解读《道德经》上大派用场，进而发现其越来越多的章目主旨明确，且论述立体、生动、清晰，《道德经》作为修身治世宝典，其一套完整的思想脉络越来越清晰地呈现在面前。于是，笔者暂停了自媒体，开启了专心悟道解码之旅，经过几周，又解决了不少重大疑问，故而有了整理成书的想法。

  本书对《道德经》原文的选取，是以王弼注本为依托，结合河上公本、傅奕本、范应元本、帛书本、郭店楚简本、北大简本等。在以求得每章的真义主旨为核心目标的前提下，尽量减少校订，保留经文原貌，以期更好适应广大爱好者的习惯。如若校订，则有其他版本做参考依据。

  本书主要特点在于：第一，明确解码出老子《道德经》每一章要论述的主旨，以四字句表达，应比较精准，《道德经》整部经典的核心思想就由 81 个章主旨构建；而大多其他解译本没有章主旨解译，有少量解译主旨的，笔者发现其不精准的章目较多。第二，精译各章经文，译文中必要的过渡或解释语句放入括号中，同时于必要章目细致导读了整章主旨思想和应用价值、方法。因有解码章主旨的目标，其中有几十个疑难句或歧义句，应被正确解译；同时译文和导读会更流畅，更易读、易懂。第三，校订了部分经文。悟得每章主旨与校订具体经文密切相关，相辅相成，因而经文校订比较可靠。第四，以章主旨为基础，编撰了章主旨一览表、章主旨精髓版、章主旨串文、吴博章旨本《道德经》等放入附录，便于读者学习参考。第五，优化排版。章号均采用阿拉伯数字，便于阅读；突出经文和主旨，经文不编设注释号，排行合理化，以便读者复读、记忆、理解。第六，考虑到《道德经》读者偏好广泛，注解译导读均力求围绕经文核心本义，并力求简洁。

笔者解码《道德经》，主要基于严密的逻辑思维和大量的形象思维，自创了七维参悟解码方法，从而顺利地悟到了老子《道德经》各章主旨和总体思想并解译了很多疑难句。这些内容可以让我们更全面和准确地领悟中华传统智慧及背后的智慧思维模式。

七维参悟解码方法简介：

七维：《道德经》经文多个版本、名家和民间解读资料、中外文史哲科相关理论与笔者知识思维经验体系、逻辑思维方法、形象感觉思维方法、文法句法、文字字义等七维信息。

参悟：整合上述七维信息进行综合化的高强度的参悟；解译难章难句时，结合深入查阅相关资料，循环聚焦某些维度，每每都有收获。

解码：用此有技术意味的词汇，就是要兼具科学于文史哲方法之中，以期尽可能正确、精准解译出经文的字、词、句意义和章主旨，并校订有关经文，从而尽力做到兼具老子本意与当代意义的解译和导读。

本书以简洁的方式解码了《道德经》每章主旨以及较多的疑难、歧义句，精译了每章经文并做了导读，还编撰了几个以章主旨为基础的副产品放于附录，这些内容充分体现了中华传统智慧及背后的智慧思维模式。本书期望助力广大老子《道德经》爱好者能够突破疑难句和章主旨解读的障碍，更好地理解和运用《道德经》的智慧；也期为传承、传播中华传统文化和先贤智慧做出一份贡献。但限于笔者条件和水平，本书中一定会存在一些问题和偏颇，欢迎批评指正和交流。

吴为民

于厦门，2022.5

目录

道 篇

第1章　道可道 / 寻道之道 …………………… 3

第2章　天下皆知 / 相对之道 …………………… 8

第3章　不尚贤 / 治国大道 …………………… 12

第4章　道冲而用之 / 四大天道 …………… 15

第5章　天地不仁 / 清静无为 …………………… 18

第6章　谷神不死 / 玄牝之门 …………………… 20

第7章　天长地久 / 内圣外王 …………………… 22

第8章　上善若水 / 上善若水 …………………… 24

第9章　持而盈之 / 功遂身退 …………………… 28

第10章　载营魄抱一 / 玄德之道 …………… 30

第11章　三十辐共一毂 / 有无相成 ………… 33

第12章　五色令人目盲 / 虚心实腹 ………… 35

第13章　宠辱若惊 / 无我之德 ……………… 37

第14章　视之不见 / 道心惟微 ……………… 40

第15章　古之善为士者 / 领导之道 ………… 43

1

第 16 章	致虚极 / 知常达道	45
第 17 章	太上下知有之 / 悠兮贵言	47
第 18 章	大道废 / 失道寡助	49
第 19 章	绝圣弃智 / 抱朴寡欲	51
第 20 章	绝学无忧 / 绝学无忧	53
第 21 章	孔德之容 / 孔德之道	56
第 22 章	曲则全 / 惟精惟一	58
第 23 章	希言自然 / 希言自然	61
第 24 章	企者不立 / 余食赘行	64
第 25 章	有物混成 / 得法达道	66
第 26 章	重为轻根 / 持重守静	71
第 27 章	善行无辙迹 / 教学相长	73
第 28 章	知其雄 / 大制不割	75
第 29 章	将欲取天下 / 人心惟危	77
第 30 章	以道佐人主者 / 兵果而已	79
第 31 章	夫佳兵者 / 文武之道	81
第 32 章	道常无名 / 各行其道	83
第 33 章	知人者智 / 人生大道	85
第 34 章	大道氾兮 / 大成之道	88
第 35 章	执大象 / 道妙味淡	90
第 36 章	将欲歙之 / 谋略之道	92
第 37 章	道恒无为 / 守道之道	95

德 篇

第38章 上德不德 / 处实不华 …… 99

第39章 昔之得一者 / 得一而生 …… 104

第40章 反者道之动 / 天道之德 …… 107

第41章 上士闻道 / 闻道勤行 …… 110

第42章 道生一 / 强梁之危 …… 113

第43章 天下之至柔 / 不言之教 …… 117

第44章 名与身孰亲 / 淡泊名利 …… 119

第45章 大成若缺 / 瑕不掩瑜 …… 120

第46章 天下有道 / 祸起争霸 …… 122

第47章 不出户知天下 / 成圣之路 …… 123

第48章 为学日益 / 道学相长 …… 125

第49章 圣人常无心 / 德行天下 …… 129

第50章 出生入死 / 化解双劫 …… 132

第51章 道生之 / 事业法门 …… 134

第52章 天下有始 / 明心见性 …… 137

第53章 使我介然有知 / 行于大道 …… 140

第54章 善建者不拔 / 观物知人 …… 142

第55章 含德之厚 / 含德之厚 …… 144

第56章 知者不言 / 玄同之贵 …… 147

第57章 以正治国 / 以正治国 …… 150

第58章 其政闷闷 / 允执厥中 …… 152

第59章 治人事天 / 啬乃早服 …… 154

第60章	治大国 / 君临天下	156
第61章	大国者 / 谦下外交	159
第62章	道者万物之奥 / 万用至宝	161
第63章	为无为 / 战略管理	164
第64章	其安易持 / 执行管理	166
第65章	古之善为道者 / 治以玄德	169
第66章	江海所以能 / 不争之德	171
第67章	天下皆谓 / 笃持三宝	173
第68章	善为士者 / 知人善任	175
第69章	用兵有言 / 用兵之道	177
第70章	吾言甚易知 / 道之传承	179
第71章	知不知 / 知病不病	182
第72章	民不畏威 / 生民底线	184
第73章	勇于敢则杀 / 天网恢恢	186
第74章	民不畏死 / 法治天下	188
第75章	民之饥 / 节用贵生	190
第76章	人之生也柔弱 / 柔弱之德	192
第77章	天之道 / 道者之德	194
第78章	天下莫柔弱 / 正言若反	196
第79章	和大怨 / 报怨以德	198
第80章	小国寡民 / 和谐天下	201
第81章	信言不美 / 无私之德	204

后　记 …………………………………… 207

附录一　章主旨集合一览表………………… 212
附录二　主题领域对应主要章目………… 214
附录三　道德经主旨串接文………………… 216
附录四　本书解译特别之处一览表………… 218
附录五　章主旨精髓版………………………… 223
附录六　吴博章旨本《道德经》…………… 235
附录七　老子其人……………………………… 266

道篇

第1章　道可道／寻道之道

道可道，非常道。名可名，非常名。
无，名天地之始；有，名万物之母。
故常无欲，以观其妙；常有欲，以观其徼。
此两者同出而异名，同谓之玄。玄之又玄，众妙之门。

【句释】

可道：可以被（思维／语言／文字）表达／说明。老子时代，"道"本身除了道路之义，已有思想之义，可解译为"表达"。"道"后有"说"的用法，渊源就应是在这里。

可名：可以被（思维／语言／文字）表达／说明／定义。

常道：恒道，恒在的道，实际的道。

常名：恒名，实际的定义／内涵。

天地：即万物，是万物的一种分类法表述而已。帛书本此处为万物。

其：有与无（组成的万物）。

徼（jiào）：边界，应可解为表面。其字根敫，本义也有明显的样子，故"徼"可引申为"显在性状"，如形状、轻重、软硬、颜色、明暗、温度、用处、害处等，即主要指万物能被五官感知到的性状和简单经验。上一句之中的"妙"，即不显在的"奥妙"，与"徼"，即"表面"／"显在性状"，相互对应是合适的。

两者：有与无。

门：源头。

【主旨】寻道之道

探寻大道的道法。虽大道难明，但有方法去不断探寻。

【精译】

道，可以被表达，但并不能完全吻合于实际存在的道。一个名，可以被定义，但并不能完全吻合于那个名实际具有的定义。无，定义为天地万物的开端；有，定义为万物的生母。这样，常常在无欲无我的状态下，有利于观察到有与无组成万物的本末终始之奥妙；常常在有欲有我的状态下，有利于观察到有与无组成万物之表面（显在性状）。有与无两者同出于一个源头而名不同，有与无一同深远交织细小。深远交织细小、不断深远交织细小，那里就是宇宙万物及其所有奥妙的总源头。

【导读】

老子在《道德经》开篇第1章中提出了其世界观的三大奠基概念：道、有、无。本章明确定义了有与无，但没直接定义"道"，而是论述了"寻道之道"；点明了"有欲""无欲"两种思想心理状态观察世界的方法的不同特点；再引出"有与无"深远交织细小的玄的状态，及玄之又玄的想象，来推衍世界的本源，模糊地给出了道是宇宙的本源的观点（第25章才明确）。本章应理解如下四点：道与名的表达的困境；有与无的定义；有欲与无欲两种状态下的观察；有与无的进一步理解与玄之又玄。

第一，道与名的表达的困境。老子开篇就给出观点：道与名难以精确表达。但实质是说，客观事物本身难以精确表达，这是由客观事物本身的特性决定的，人们看世界犹如盲人摸象。物理世界的距离、大小、形状都测不准；万物的特点、特性既是无限性的，又是难以表述清楚的；同时还有语言的限制，以及一个人的体验也无法表达清楚；还有道作为一个复杂的概念，在其具象性的一面（详见第25章导读）也是常常变化的，因而表达就有困难。

总之，前两句为全文论述中所用的一些文字的"客观不精准性"做了铺垫，如：无为，无事，柔弱胜刚强，强大处下，柔弱处上，其知弥少，等等。这些"名"或词句，一方面文字本身并不能算是老子完全准确的表达，另一方面，读者对其的理解也可能有偏差。

第二，有与无的定义。先看哲学和宏观方面，有与无是老子思想体系里的一对最基本、最重要的对立面，两者相互依存，相互转化。老子对"有"与"无"的分辨，应是基于人类的感官与思维的综合判断。宏观可见的"有"就是万物，人们都可以命名，如日月、山河、房屋、桌椅等，可以说是"实有"；宏观可见的空间，就叫"无"，也可以叫"空无"。一个杯子可以从一块玉石中雕刻出来，这是"实有"在做减法，"空无"在做加法；也可以用黏泥，在一个"空无"的空间中塑造出来，这是"实有"在做加法，"空无"在做减法。最后，成品杯子的杯体的"实有"（有）和有效空间的"空无"（无），就构成了杯子。这里面就有了"有与无"哲学方面的对立统一的思考，后面第2章将总论对立统一。

有与无不仅需要从哲学和宏观的角度理解，还要从微观物理方面理解，否则，不足以理解老子的世界观体系。按老子所定义的"有"，应指一种物质，极小，是构成万物的最基本单元，相当于现代科技所说"基本粒子",而且是一种一模一样的物质。为什么说是一模一样的?大家观察一下世界,可以从感官上判断世界上的一切物质会归于土、归于"尘"(小土为尘),而一切物质看上去也是源于土、源于"尘"。俗语把人间比作万丈红尘,从另一个角度一语道破天机。老子也应该是如此看物质生灭的,后面第4章提到了"同其尘",意指万物化成"尘",而后再聚同于一起再生万物。千姿百态的万物成土、成尘,会变得没什么区别了,老子自然可以推断更微观将是一模一样的东西。再看"有"到底多大呢?老子没有直接说,"尘"应是尺寸上很"小"了,但"有"应比"尘"更小,由此可以推测,老子认为"有"的大小应到"不可分割"或"不可观察"的程度。"无"可以理解为"有"所对应的空间。单一的"有"构成若干种"尘",而"尘"再进一步就构成了万物。

第三,无欲与有欲两种状态下的观察。定义完有与无,老子就开始谈观察世界的方法了。在无欲状态,就会减少情绪的干扰,有更多理性思考,可以让人们更深入或更多地发现世界的奥妙,这样可以更有效地发现规律,或发现、分析和解决问题。无欲观妙,也可以对其进行通俗的解读,即上帝视角或第三方视角看问题,也可叫局外生慧。在有欲状态,基本是从个人第一视角出发看世界,会从感受、需求方面看世界,容易发现万物的显在的性状,包括用处或害处,可给人价值和快乐。大家可以想象一下这两种场景:一是当你舒舒服服地(无欲状态)在看面前桌子上摆的一盘曲奇饼干时,你是不是更想了解深入一点的东西?比如它的工艺、相关文化、历史等?二是当你饿的时候(有欲状态),你看到这盘曲奇,你关注的是不是表面一点的东西?比如形状、口味以及自己是否可以马上吃它(为我所用)?前面就是观妙,后面就是观徼。笔者认为,"常有""常无"的断句方式,不可取。一是,如此则后面的"欲"字显得多余;二是,如此观妙、观徼很牵强,"有""无"同观、通观、辩证地观,才能观察有所得;三是,第16章"致虚极,守静笃"观万物之常,实际就是展开来谈无欲观妙;四是,帛本的断句已很明确。

第四,有与无的进一步理解与玄之又玄。谈过观察世界的方法后,老子觉得还不够,有些东西观察不了,还得想象,进而又提出了一个抽象的概念"玄"。它的意思似乎很多:深远的、源头的、根本的、幽暗的、深奥的、奇妙的、交织的、细小的……是道的源头的、形象的、动态的表达。玄在本章意为"有"与"无"一同深远交织细小,而玄之又玄,就是比"不可分割"或"不可观察"的最小的"有"还要小的不断想象。

玄之又玄,也可以认为是老子对"一尺之棰,日取其半,万世不竭"实例的想象推演,棰的"实有"不断变小,到了刚刚"不可分割"或"不可观察"的程度就是老子定义的"有",但是还能想象不断再细分下去,就是玄之又玄,终会达到众妙之门,即大道之门。可以认为这是老子认识宇宙的一个方法论,只要把物质不断分割下去,加之分析,就能发现宇宙的奥秘。这跟现代科技的物质不断细分、不断认识是一样的,从分子到原子,再到质子、中子、电子,进而再到夸克、轻子等,现在理论上已细分认识到了"弦",也确实从微观角度认识了很多宇宙的奥秘。老子所定义的万物之母的"有",在当今科技中可以说已经对应到了"弦"。

本章解译特别之处、也需读者留意的是,有与无的解释以及玄之又玄的解释。

第 2 章　天下皆知/相对之道

天下皆知美之为美，斯恶已；
皆知善之为善，斯不善已。
故有无相生，难易相成，长短相形，
高下相倾，音声相和，前后相随，恒也。
是以圣人处无为之事，行不言之教。
万物昔而弗始，为而弗志，成而弗居。
夫唯居，是以弗去。

【校订】

恒也：取自帛书本。与王弼本的对照参见附录六对应章目，除非必要，一般不在正文校订栏给出对比，后面也不再做此说明。

万物昔而……是以弗去：选自帛书本，有较高价值。王本及其他较多版本，此几句已被改得没有太大价值，因这些内容在其他章节处已全部被提及和表述，见第 9、10、34、51、77 章等。

【句释】

美/恶：喜欢/厌恶。在此解为心理对立面为佳，而不解为"美好/丑陋"。

善/不善：赞成/不赞成（反对）。善，有引申"赞许"之义，如"善哉",有"赞同"之义。在此解为心理对立面为佳,而不解为"善/恶"。

音/声:声音/回声。

昔:(事物行进发展)成过往了。

无为:按道而为,不人为、不刻意而为,不妄为。参见第48章解译。

【主旨】相对之道

事物普遍对立统一,并在对立统一条件下永恒发展变化;圣人善于随时选择实际有利的一面,而非固执于表面有利的一面。

【精译】

天下人都知晓,喜欢之所以是喜欢,是相对于厌恶而已;都知晓,赞成之所以是赞成,是相对于不赞成而已。(这是天下人皆懂得和有体会的心理感受的最简单、最清晰的两对对立面。)所以,有和无相互对应而显,难和易相互比较而知,长和短相互比形而见,高和下相互比势而明,声音与回声相互呼应,前和后相互接续,一直都这样(它们也都是两两相对的存在)。(相对面很多,你要选择在哪一边,效果是不同的。)因此,圣人用无为的方式对待世事,用不言的方式施行教化。万物只会往前走,不会重新来过,往前走也没有什么刻意,到了一个阶段也不会停留。要知道,只有停留,万物是不会去的。

【导读】

本章是纲领性的一章,老子简洁地融哲学三大规律等思想于一炉,加上第1章,就基本奠定了老子《道德经》的思想理论基石。所谓哲学三大规律，即对立统一规律、量变与质变规律、否定之否定规律。"有无相生"等几句表达出对立统一规律；"万物昔而弗始……成而弗居"不但表达出量变与质变规律、否定之否定规律，还表达出一个哲学观点：世界是永恒发展变化的；"夫唯居，是以弗去"，更是进一步强调了事物永恒发展变化的观点。近现代西方哲学与老子《道德经》有深刻的联系，黑格尔明确地参考了老子的大道之学，而不少哲学家也参考了黑格尔哲学。

前两句有一种相对主流的解释方式，即突出了事物的极端转化性，如"美"与"恶"，单独来看没问题，也有意义，但不符合本章主旨，不可取。本章开篇老子就是要指出存在的对立统一性，或叫相对性，而不是事物的极端转化性。而事物的极端转化性，后面章节非常多处都有提及，如第3、9、58、73章等。

"处无为之事，行不言之教"，是老子提出的修身治世的重要方法论。"处无为之事"，是自我提升、自我管理的要点；"行不言之教"，是影响他人、管理组织与他人的要点。"不言之教"另参见第43章。

本章概括出哲学三大规律等哲学观点与思想，意义自不需多言，这里简单说说三点启示。

第一，事物具有对立统一性，不能只看到一面，或执着于一面。普通人易固执于某一面，这就是分别心，不是很明了事物的利与害两面往往相对而出，只想要有利的一面，这难以获得，因而痛苦。

第二，既然有两面甚至多面，你要选择哪一面就很重要了，你要选择做多还是做空，选择站在左边还是站在右边，选择无为还是有为，等等，效果大不同。而且事实上，你选择的一面，也包含利与害，而且不断变化。圣人有分辨力、分别力，而无分别心，圣人善于随时选择实际有利的一面。事实上，圣人之无为，并非始终绝对"虚静、柔弱"，如第33章讲"强行者有志"；第37章讲"化而欲作，吾将镇之以无名之朴"；第74章讲"常有司杀者杀"等。

第三，万物永恒发展、不刻意、不停留，所以，人也不应一厢情愿于某种状态，不应刻意而为，达到一个成功台阶也不应停滞不前。当然，人与其他事物有很大不同，有其自身独特之处，详见第25章解译和导读。

本章解译特别之处及需读者留意的是，开篇两句及最后的经文校订句及其解译。

第 3 章　不尚贤／治国大道

不尚贤，使民不争；
不贵难得之货，使民不为盗；
不见可欲，使民心不乱。
是以圣人之治，虚其心，实其腹；弱其志，强其骨。
常使民无知、无欲，
使夫知不敢、弗为而已，则无不治。

【校订】
使夫知不敢、弗为而已：采用帛书本。有独到的价值。

【句释】
志：刻意（而为），参见第 2 章 "为而弗志"。
无知：无多想法（没有心机／不用心机）。
无欲：无多欲望（除生存需求，没有过多额外欲求）。
使夫知不敢、弗为：让百姓知道哪些不敢做，哪些不该（不想／不愿）做。

【主旨】治国大道
　　安民、法治、德治相结合的总体的治国之大道，即以道治国。

第 3 章　不尚贤/治国大道

【精译】

不殊宠和标榜贤能，方能使世人停止争抢；不看重珍奇财宝，方能使世人不去盗抢；不展现让人有贪欲的事物，方能使世人心安不乱。所以，圣人为政，是使百姓心态平和（使之不爱追求外物刺激，第 12 章论述了人心受外界刺激过多的害处），腹里饱足，要减弱其刻意而为，强壮其筋骨和身体。使百姓常常无多想法、无多欲望（处于朴实自然的状态），使百姓广泛深入领会哪些不敢做，哪些不该做，则没有什么不好治理的。

【导读】

老子早早地于第 3 章就提出了治国大道，包含安民向实（常使民无知、无欲），同时并举以法治国（使夫知不敢）、以德治国（使夫知……弗为）。综合来说，以上思想就是老子以道治国的思想核心，由此则可达到理想的道治社会状态。

前三句是第 2 章 "处无为之事，行不言之教" 的一些具体做法：不以名位引发百姓追逐名利；不以 "难得之货" 引发百姓虚荣心；不以 "可欲" 之事物引发百姓的欲望。

不尚贤，主要指不要用各种名利来吸引贤能人才。因为，百姓易被利益驱使来争抢名利，导致鱼龙混杂。而真正的贤能人才，最看重的并不是名利，而是有一个干事业的机会，名利、待遇在其次。所以，管理者应侧重于体系制度建设，创造一个个干事业的平台反而更重要，于日常之中发挥人才作用，而不是以名利诱导方式来招揽人才。

"虚其心，实其腹；弱其志，强其骨"，是对本章前三句实际具体治国方法的归纳总结，形成原则。第 12 章进一步论证了虚心实腹的重要性，可参看。老子借用第 2 章万物 "为而弗志"，万物的不刻意的特性，引申到人也应不要刻意而为，所以应"弱其志"，减弱百姓刻意而为的倾向，让其自然而然地发挥个人的才能或逐步地增长才干。

"常使民无知、无欲"是老子治国大道要达到的中间目标之一，其实老子对圣人也有类似的要求："是以圣人去甚，去奢，去泰"（第29章）；"不以智治国"（第65章）；"我无欲而民自朴"（第57章）。

本章解译特别之处及需读者留意的是，经文校订句及其解译，还有"虚其心、弱其志、无知、无欲、不敢、弗为"的解释。

第4章　道冲而用之／四大天道

道冲，而用之或不盈。渊兮，似万物之宗。
挫其锐，解其纷，和其光，同其尘。
湛兮，似或存。吾不知谁之子，象帝之先。

【句释】
冲：（似源头活水）流淌播散。
不盈：满而不溢。
象：样子，形象。
帝：开天辟地的神仙。

【主旨】四大天道
挫其锐，解其纷，和其光，同其尘。解释见后。

【精译】
　　道，（似源头活水）流淌播散，但他流淌播散发挥的作用却是满而不溢。深远啊，他像是万物的宗祖。他，磨挫万物之棱角，消解万物之实体，调和万物之光芒，聚同万物之尘埃。湛蓝啊，道看似存在。我不知道他是谁生的，看样子他比开天辟地的神仙还要更早存在。

【导读】

四大天道：挫其锐，解其纷，和其光，同其尘。其，这里指万物，四句主语都为"天道"。

挫其锐：磨挫万物之棱角，即万物棱角都容易因天道被挫碰掉。比如石块在江河中慢慢变成鹅卵石。这是天道对万物表面锋利的消减作用。

解其纷：消解万物之实体，即万物的实体都会因天道被慢慢消灭或分解。比如石块在江河中，其一部分会慢慢变成泥沙；比如木材因燃烧化为灰烬，因腐烂而变得疏松不实。这是天道对万物内部联结牢固的消减作用。

和其光：调和万物之光芒，道调和日月星辰及火光、物体表面反光等亮度，适合人类生存，从现代科学角度讲，也可以说道让人类能与环境相适应，这也是损有余而补不足的一种情况。这是天道对万物远处影响力的调和作用。

同其尘：聚同万物之尘埃，即万物被"解其纷"成"尘"后又因道重新聚合起来。如，植物腐烂或其灰烬入于土地后又汇聚生成植物；又如，泥土被烧制成瓷器。道除了聚同创生功能，也有创新创生功能，如古代就有的酿酒，再如近现代发现的煤炭、石油等。从现代科学角度讲同其尘，就是指细微的物质发生的某些物理、化学、生化变化后生成新的物质。这是天道对万物被消解成尘后再次聚合的作用，这样就产生了天道循环，这四大天道的作用在事物内部的局部也在发生着循环，因此，一个事物总体看起来，其变化就显得复杂而丰富。

本章是老子对世界万物从多个角度进行反复仔细观察、充分想象和深入思考后给出的论断和推演。比如，"湛兮，似或存"（湛蓝啊，道看似存在），应是老子仰望晴朗无一物但却湛蓝的天空发出的感叹、想象和推演。

这四大天道非常重要，柔弱之德恰是借助了"同其尘"的力量，而能更好应对"挫其锐，解其纷，和其光"的力量，从而体现柔弱的价值；在第37章"守道之道"中，四大天道用来解决万物众生归正；在第56章"玄同之贵"中用来提升心性达玄同。

本章解译特别之处及需读者留意的就是四大天道的解释，还有"冲""不盈"的解释。

第 5 章 天地不仁／清静无为

天地不仁，以万物为刍狗；
圣人不仁，以百姓为刍狗。
天地之间，其犹橐龠乎？
虚而不屈，动而愈出，多闻数穷，不如守中。

【校订】
多闻数穷：参考帛书本校订而来，贴合经文上下文内容。

【句释】
刍（chú）狗：草野之狗、野狗。
橐龠（tuó yuè）：古代一种带皮囊的吹奏乐器。
虚而不屈：不去动它就没有东西出来。
数穷：（多到）数字不够用。

【主旨】清静无为
天地有清静、无为之性，圣人也当以清净、无为方式治理天下。

【精译】
　　天地不仁爱任何东西，视万物同为草野之狗（不会多管，任其休养生息）。圣人不仁爱任何人，视百姓同为草野之狗（不会多管，任其休养生息）。天地之间，万物不正像一个个的吹奏乐器吗？不去吹它、动它，就没声响出来；越使劲、越多地吹它、动它，声响出来得也就越大、越多；会多到听不过来（哪还有精力处理）；不如守住适中。

【导读】

天地不仁，并不就是暴虐；以万物为刍狗，也不是轻视。而这是老子在说天地对万物一视同仁、不偏不倚的公平态度。进而喻示圣人也应以这种公平态度对待百姓。

老子将世间万物比作风动乐器橐龠，而老天刮风越多越狂，这些乐器就会越闹腾；风停了，也就没声音了。以此喻世间执政，搞事就如刮风，事搞得越多，回应就越多，就越难治理和把控，也应如老天一样清静无为。

同时，道为根本，合道，则仁本身就不必提。参考第38章，"失道而后德，失德而后仁"。而第79章讲："天道无亲，常与善人。"无亲就是不仁，道理相同。团队的管理者或是父母、长辈，也可参考清静无为之道。

本章解译特别之处及需读者留意的是，经文校订句"多闻数穷"及"虚而不屈"的解释；还有刍狗、橐龠的解释，其主流的"用于祭祀草扎的狗""风箱"之解释，笔者认为不能很好贴合本章内在逻辑与形象思维的要求。

第6章　谷神不死／玄牝之门

谷神不死，是谓玄牝。
玄牝之门，是谓天地根。
绵绵若存，用之不勤。

【句释】
谷神：帛书本为浴神，浴神应为真句，浴原义后由溪字承接，所以谷神、浴神、溪神指代相同，就不用校订，校订反而易产生歧义。所以，谷神即山谷间溪水之神，即玄牝。

玄牝（xuán pìn）：幽暗深远的母体。牝，雌性。

勤：经常、频繁，引申为过度。

【主旨】玄牝之门
幽暗深远母体的生生之源，指生命之源；也可指国家、组织、个人生存的根本之源。

【精译】
谷神让溪水流淌不停，她是幽暗深远的母体。这幽暗深远母体的生生之源，就是天地的生生之源。溪水绵绵续续地存在，人们要节俭利用，不能过度。

第6章 谷神不死/玄牝之门

【**导读**】

笔者认为"谷神"并非等同"天道",应是"天道"产出的一个"生产"水和生命的重要"机构",即"玄牝"。玄牝的生生之源就是天地的生生之源,就是幽暗深远的水和生命的发源地。

本章应是老子在思考探索生命之源,认为它就在溪水的幽暗深远的源头之处,认定那里就是水和生命起源之处,同时老子应是把水作为了生命之源或载体。同时也可扩展理解为,任何组织和个人,要发现或创造及守护好自己的玄牝之门,即生生之源,并加以保护性的利用。注意,玄牝之门的门是生生源头的指代,而非具象之"门"。

对于生生之源,这里再说明一下:对于大自然来说,就是特指水和生命之源;对于国家、组织、个人来说,就是能够源源不断产出资源的核心资源和能力。国家的生生之源,如土地、人口等;公司的生生之源,如厂房设备、核心技术、客户群等;个人的生生之源,如强壮的身体、超群的技能、优秀的品德等。

笔者认为,最后一句应是老子和谐自然,以及节俭思想的源头之一。与生命有关的有些自然资源或是有限的,而社会或组织或个人的资源亦是如此,需要加以守护和节俭利用。

本章"玄牝"与第10章"玄览""玄德"、第56章"玄同",是《道德经》中非常重要的概念,需准确把握。

本章解译特别之处及需读者留意的是,谷神、玄牝之门、用之不勤的解释。留意本章老子应是有意探索、推测"生命之源",并非仅仅是再次对"道"做一种形象描述。

第 7 章　天长地久／内圣外王

天长地久。
天地所以能长且久者，以其不自生，故能长生。
是以圣人，内其身而身先，外其身而身存。
非以其无私邪？故能成其私。

【校订】
内：内生。王本为"后"，帛书甲本此处为"芮"，帛书甲本"芮"字另外还有两处，第 9 章"功述身芮"（王本、帛书乙本为"功遂身退"），第 69 章"不敢进寸而芮尺"（王本、帛书乙本为"不敢进寸而退尺"）。"芮"字形象、内涵比较丰富，本义为"草初生柔细的样子"，引申为"柔软，小的样子"，故可再引申为"退后，内敛，生长"，所以"芮"字这三处的其中两处被换成"退"，一处被换成"后"，但"芮"字还可引申为"内生"，简为"内"，还有古文字学者推测此处芮即为内。综上，笔者认为据全章内容可用"芮／内／退／后"，现代按"内"校订更优。"内"与后面的"外"也是对应的，与天地之德也对应，见下面译文。

外：外生。

【主旨】内圣外王
内备圣人之至德（玄德），施之于外，则为王者之政。

第7章 天长地久/内圣外王

【精译】

天地长久存在。天地之所以能长久存在,是因为它并不自生自长,所以能长生长久。(天本空,内生包容日月星辰在其中,才显其居位之大;地本无,外生承载万物在其上,才显其身存之本。)所以,圣人内心能容天下人、事、物及把握其运行之理,才能成为领导者;身外能吸引和善待人、财、物等各种资源,才能得以立足为王。这不是无私还能是什么呢?所以才能成就自己。

【导读】

本章阐述老子悟道天地"不自生"之所得:天本空,内生包容日月星辰在其中,才显其居位之大;地本无,外生承载万物在其上,才显其身存之本。并以此天地之德说圣人之道:内,心怀绝学,肚里撑船;外,吸引众生,知人善任。笔者认为,本章的"天长地久"这个隐喻展示了一个很独特的角度,很生动,很震撼,给人印象很深刻,很具有说服力。

本章解译特别之处及需读者留意的是,经文校订句及其解释,还有章主旨"内圣外王"和章内容的关联。

第 8 章　上善若水／上善若水

上善若水。
水善，利万物而又静，居众人之所恶，故几于道。
居善地，心善渊，予善天，
言善信，正善治，事善能，动善时。
夫唯不争，故无尤。

【校订】

本章参考帛书甲乙本校订"又静""居众人""予善天"三处。其中"又静"通"有静"，但更佳。

【句释】

若：据百度百科词条，其古字形像人举手顺理头发的样子，本义应为"顺"。后世又多假借为"像、如"义，"如"又可引申为"及，达到"，还有"你，你的""假如"义。笔者认为，由本义可引申为"梳理／理顺／治理"之义。

居众人之所恶：居，控制住、管住之义。

心：居住地中心。

予：水的给予。

正：通"政"，即政治、为政。

【主旨】上善若水

领导者要善于梳理治理水。单句或可理解为：领导者或上士擅道于水，或，领导者或上士善于学习水德。

【精译】

领导者要善于治理水。把水治理好，让它滋养万物，又让它安静下来或静静流淌，并管住它令众人所厌恶的一面，这样治水就很接近道了。选择居处要合适，居住地中间要有合适的水（或有水穿流而过），水的给予尽量由天赐，大家要言而有信，政治要有效，做事要由能人主理，行动要把握时机。唯有不争（于水和天等），方能无过无失。

【导读】

"上善若水"，有些本为"上善治水"。但自古至今多本都为"上善若水"，且大多只解释为上善似水。笔者采信文字上采用上善若水，这更符合老子文字特点，常不会太直白，含义可以多解；虽然笔者将其作为本章主旨并第一解读为上善治水（有的本，字句已是如此，说明历史上可能早有人作此解读），但"若"字本身兼具"梳理"和"似"两种意思，更为兼顾妥当。老子因水的特殊性，此单句可能有双解之意。另，"上善"应解释为"最高领导者或一方的领导者要善于"，这要比解释为"上等的善"更为符合老子的总体思想和本章主旨。

有解为"上等的善是似水"，这不够恰当，毕竟水本身利害共存，大家都清楚；有的解为，"上士擅道于水"或"上士善于学习水德"，本义没问题，可以认为老子可能有这个意思，但本章多句会与这一主旨关联很牵强，而跟治水活动则贴合得天衣无缝。这样，无论如何，"上善若水"语句照用、字画照用，理解意思则需要变通，优先解为"领导者要善于梳理治理水"；作为单句还可以解为"上士擅道于水"，也可以宽泛地解为"上善似水"，这犹如我们可以用"柔情似水"，并不会因为洪水无情而有障碍。这也可见中华文字的博大精深。也可能老子有此双重意思，所以才用"若"字。本章主要以治水比作道，而非主要以水本身比作道，万物皆在道中，所谓"云在青天水在瓶"，治水的解译符合老子的科学自然主义，治水的智慧才是无可争议的"几于道"。当然，水本身确实有不少良好的特性，可供人们修行体悟，相关解译非常丰富，这里不展开，笔者认为真正深入全面不偏的修行，当参考的是"玄德"，详见第10章。

老子对上善治水，说得很细致，从宏观的利弊，谈到居住规划地和水的关系，还谈供水和治水方法，在全篇中首次引出了"不争"的理念，这里谈的不争是人不要和"水"和"天"争，这也是后续谈不争之德的一个基础。水是生命之源，也有很多好的特性值得人们利用和效法；然而水患的问题显然也是一直存在的大问题，当今中国和许多国家也仍在治水。

所以，《道德经》作为修身治世之书，老子给出治水之道，非常合理、必要。用水和治水，要"择、疏、堵、不争、系统、环保、节约"等相结合，要调动很多社会力量参与，是极复杂的人类活动，需要"几于道"的智慧。古代大禹治水，李冰父子都江堰治水等，都名垂千古。治水之道，善为不争。复杂工程当可参考治水之道。

从古至今，国家、组织或当今的公司，人力资源可以说是重要命脉之一，他们似水般重要，也有似水般正反面表现反差很大的特性，治水之道当可作为管理之道。办公室里"上善若水"的字画,一方面当修心修德智慧来用的同时,更当领导和管理智慧来用吧。"上善若水"本身一句话即包含了老子修身治世思想宝库中的一组生动实用的方法:"上善似水"用以修身,"上善治水"用以治世。

本章解译特别之处及需读者留意的是,经文校订句、章主旨"上善若水"的第一要义"上善治水";各句解释与章主旨的关联;还有"上善若水"单句本身的双解。

第 9 章 持而盈之／功遂身退

持而盈之，不如其已。揣而锐之，不可长保。金玉满堂，莫之能守。富贵而骄，自遗其咎。功遂身退，天之道。

【句释】
持：持拿（的容器）。
揣（zhuī）：捶击，引申为砍伐（的工具）。

【主旨】功遂身退
　　功成了，要根据情势考虑自己的退一步问题，至少得有退一步的态度，特别是在名利方面；最严重的情况是要考虑隐退；无须隐退，做人也必须保持低调。这是因为功成时可能触及天道的限制。

【精译】
　　手持的容器装得盈满，不如适可而止。用来砍伐的工具不可磨得太锋利，否则用不了多久。金玉满堂，很难守得住。富贵而骄横，是自取灾祸。功成了，自己得有退一步的打算或态度，这是天道。

【导读】
　　本章以层层递进的四个案例，引出了功遂身退的本章要义，具体案例还提示人们做事情要适度，不要过度，不要极端，不要贪婪、骄横。老子所处群雄纷争的时代，有大量的君和臣的微妙故事上演，老子显然明了其中的奥妙：臣若功高震主，君怕臣篡位；伴君如伴虎，臣怕君忌惮。实际上，历朝历代的开国功臣，不少人都未得善终，没能逃脱鸟尽弓藏、兔死狗烹的下场。"天地不仁，圣人不仁"的逻辑也是有一定的这方面操作指向的。老子功遂身退的思想应不只是指向大臣，君主何尝不是也需要考虑功遂身退呢？而一般人也或有功成之时，也是需要考虑的。

为什么说功遂身退是天之道，第4章讲天道"挫其锐"，第25章讲天道"远曰反"，第42章讲天道使"物或益之而损"，都在讲物极必反的天道，理应小心处理，主动求"损之而益"可能是更好的选择。但总的来说，这只是提醒人们功成时要特别注意，不能忘乎所以；而实际是否该激流勇进，还是该退多少，要以"无为""无事""抱一为天下式"的方法论，应要考虑具体所处环境和自己的内心和实力，具体问题具体分析。萧何、张良、韩信的故事是个典型案例，这三者是汉初三杰，为建立大汉江山立下了卓著功勋，但是三人命运天差地别，张良隐退，韩信被杀，萧何却把官当得稳稳当当，有始有终，也得终老天年。所以也不能一概而论，但绝对是一个值得重视的问题。而对一般人，本章的启示还主要在于，做任何事要适可而止，功成后必须不倨不傲。

"功遂身退"在帛书甲本中为"功述身芮"，意为"事情成功完毕、述职后，要加以退后、内敛、内修"，也会有比较丰富的内涵可供学习参考，"芮"字的释义见第7章校订栏。

本章解译特别之处及需读者留意的是，"揣而锐之"的译法不同于其他通常译法，这样才符合前后句法一致，也更合乎实际。

第10章　载营魄抱一／玄德之道

载营魄抱一，能无离乎？专气致柔，能婴儿乎？
涤除玄览，能无疵乎？爱民治国，能无智乎？
天门开阖，能为雌乎？明白四达，能无知乎？
生之畜之，生而不有，为而不恃，长而不宰，
是谓玄德。

【校订】

无智：自帛书本。此呼应第65章"不以智治国，国之福"。也可作"无为"，差别不大。

无知：自帛书本、河上公本。对接"明白四达"更妥。

【句释】

营魄：营，营气，后天之气；魄，生命之神，先天元气。

玄览：深远的观察，指内心之明镜，指底层的思维。有本为玄鉴，鉴，镜子，这和观察密切相关，对解译影响不大。

生而不有：生养万物也不自称他的存在、功德、主权。

为而不恃：有所作为但不任性刻意。恃，义近同第2章"为而弗志"的"志"。

长而不宰：作为尊长但不强迫霸道。

玄德：深远的大德，所有美德的源头之德。

第10章 载营魄抱一／玄德之道

【主旨】玄德之道

玄德之道有十大要点，即本章经文的前六反问句和之后的四句。"十全十美"，是谓玄德。玄德之道就是最重要的领导之道，就是王者之道。

【精译】

（一要身体强健。）身体承载着后天营气和先天元气，能不分离吗？（二要情绪平和。）调和心气至顺至柔，能像婴儿一样吗？（三要思维敏锐。）清洁心底之明镜，能达到毫无疵垢吗？（四要无为而治。）爱民治国，能不用智巧、返璞归真吗？（五要沟通畅达、善于倾听。）视听与说话，能如雌性一样平静祥和吗？（六要谦虚好学。）明白通达了，还能自认有愚吗？（七要）能够创生万物、滋养万物。（八要）生养万物但不居功占有。（九要）有所作为但不任性刻意。（十要）作为尊长但不强迫霸道。这是深远的大德。

【导读】

玄德是《道德经》最重要概念之一，后还有第51、65章直接提及，第77章隐含提及。第65章讲"玄德深矣，远矣"。

玄德的第一、二、三要点讲身体、情绪、思维的要求，这三方面恰是现代心理学涉及的核心要素，在第52、55、56章（明心见性、含德之厚、玄同之贵）有展开论述；第四要点讲行为要求，在第5、57、65章（清静无为、以正治国、治以玄德）等有展开论述；第五要点讲沟通，在第61、66、67章（谦下外交、不争之德、笃持三宝）有展开论述；第六要点讲精进，在第20、28、47、48章（绝学无忧、大制不割、成圣之路、道学相长）等有展开论述；第七、八、九、十要点，是对前面六要点的总括提炼和提升，在第34、51、77章（大成之道、事业法门、道者之德）有展开论述。"十全十美"，是谓玄德。

　　玄德总括第七、八、九、十要点："生之畜之，生而不有，为而不恃，长而不宰。"很明显其中包含现代主流价值观：平等、自由、博爱、民主、公平、正义，还包含有创造、担当等。玄德在《道德经》中的地位是相当的不一般，玄德之道就是最重要的领导之道，就是王者之道，也是为人父母之道，当深刻领悟并要持续修炼。

第11章　三十辐共一毂／有无相成

三十辐共一毂，当其无，有车之用。
埏埴以为器，当其无，有器之用。
凿户牖以为室，当其无，有室之用。
故有之以为利，无之以为用。

【句释】
埏埴（shān zhí）：调和黏土。
有之：构建实有／有形。
无之：构建空无／无形。

【主旨】有无相成

【精译】
三十根辐条集中轮毂上，轮毂中央为空（可装上车轮），才使得车能用。糅合黏土制成器皿，有空的地方，才使得器皿能用。建造房屋设门安窗，因为有这些空处，才使得房屋能用。所以，常常是构建有形物作为功用的基础，构建空无处才得以发挥功用。

【导读】
本章通过生活实例，说明了万物是在有无协同、有无相成中而得以实现其功用的,并突出了容易被大众忽略的无的价值。这里的有与无的概念主要是指"实有"和"空无",是第 1 章老子对有和无定义的扩展的含义之一,参见第 1 章的导读。

产品设计的空位、美术作品的留白等与这个思想相通,这些都是为大众所熟知。这与当今断舍离理念也是一致的,而断舍离不限于自己周围的实物,包括自己的工作事务、事业、朋友圈、信息、思想都需要断舍离。另外,冥想、发呆、放空,设一些闲职,给一些自由发挥的工作时间等,都极有意义。

第 12 章　五色令人目盲/虚心实腹

五色令人目盲；五音令人耳聋；五味令人口爽；驰骋畋猎，令人心发狂；难得之货，令人行妨。是以圣人为腹不为目，故去彼取此。

【句释】
爽：有学者考证古字原义为痒，引申为病。

【主旨】虚心实腹
不为虚华的东西扰乱内心世界，而专心于实务。

【精译】
缤纷的色彩使人眼睛昏花，变幻的音响使人耳朵迟钝，丰腴的美食使人口味挑剔，驰骋打猎令人心意狂荡，珍奇财宝令人行为不轨。所以圣人关注获取饱腹等实在事务，舍弃不必要的感官愉悦，就是据上述原因而取舍。

【导读】
上一章强调了无的价值，本章从感官过度的"有"带来的危害，进一步论述无的价值，也从反面来接续论证了第 3 章的"虚其心，实其腹""常使民无知、无欲"的必要性和积极意义。经文中五个例子，表面是说一些事情对感官和心绪及行动的危害，实际说的都是对心绪的危害，将使人失落在没有价值甚至是恶劣的事情和事务中，不但浪费时间和生命，而且会耽误正事。如同当今世界，一部手机就消耗了一个人不知多少的精力和时间，对某些手机成瘾的人，可以用上这句话：放下手机，修身养性！研究表明，这种刷手机的方式也直接有害人的大脑。

为腹不为目，其中为腹除了关注饱腹直接相关实务外，应该也包括为学为道，见第 20 章绝学无忧"我独异于人，而贵食母"，也应了"腹有诗书气自华"等古话。本章强调个人或组织等若想成长发展，要减少不必要的干扰心绪的事物，特别是不要让大家被虚华和感官享受乱了心智，要更多关注和鼓励务实的事项。同时，本章也反映出反对奢侈浪费的思想。

第13章 宠辱若惊／无我之德

宠辱若惊,贵大患若身。
何谓宠辱若惊?
宠为下,得之若惊,失之若惊,是谓宠辱若惊。
何谓贵大患若身?
吾所以有大患者,为吾有身,及吾无身,吾有何患?
故贵为身于为天下,若可托天下;
爱以身为天下,若可寄天下。

【校订】
故贵为身……可寄天下:这两句采用帛书本,符合本章主旨。

【句释】
宠辱:除了其字本义外,此处可理解为:表扬或赞美／批评或指责。

贵大患若身:看重此大患(视小我的荣辱感不佳时为大患),就如同自己的身体生命一样。即,特别看重小我的荣辱感。

贵为身于为天下:注重修身甚于治理天下。

爱以身为天下:爱好以身表率而治理天下。

若:参见第8章"若"字解释。本处取"如"或"你"均可,不影响解译。

【主旨】无我之德

不看重自我和小我荣辱感,不计较个人得失,以身表率,坚持做好自己该做的、有利于百姓的事。

【精译】

得宠和受辱都会内心不安,(是因为)特别看重小我的荣辱感。为何得宠和受辱都会内心不安呢?想要得宠是一种低级趣味,得到时惊喜不安,失去(/想得而未得/受辱)时惊恐不安,这就是为何得宠和受辱都会内心不安。为何(其原因是)特别看重小我的荣辱感呢?我之所以有这个大患,就是因为我特别看重自我,及至当我把自我置之度外,那我怎么还会有这种祸患呢?所以,注重修身甚于治理天下者,可予托付天下;爱好以身表率而治理天下者,可予寄托天下。

【导读】

本章以小我的荣辱感切入,谈最高管理者,当以修心、修身达到"及吾无身"的无我状态,就可以不被外界的舆论和评价乱心智,做到宠辱不惊,从而降低不必要的不良情绪对施政的影响和干扰。同时,无我之德也是一个人高境界和大格局的重要品质基础,无我也方能生慧,如此方可担当大任。参见第49章德行天下,"以百姓心为心""为天下浑其心",此印证圣人当具备无我之德。

我们知道,运动员在大赛中,无我状态是临场发挥的重要因素;当今有句流行语也是在说"无我"这个意思:不要太在乎别人的眼光,做好自己。而担当大任,常常必须处理很多大事小情,没有无我之德,难以处理好。修身是治国的重要前提和保障,很多章目都有提及修身，如第28、33、47、48、52、56章等。

本章"贵"与"身"有解译为"养生"，于本章中并不贴切，其他章有专门提及养生，如第10、55章；就算讲养生，其实儒与道的修身也是最好的养生方法之一，修得宠辱不惊，岂不有利身心？

"宠为下"，想得宠、得赞扬是低级趣味，那什么是高级趣味呢？如"有余以奉天下""功成而不处""其不欲见贤"（第77章），也如范仲淹所言："先天下之忧而忧，后天下之乐而乐。"

本章解译特别之处及需读者留意的是，经文校订句及其解释，还有章主旨"无我之德"和章内容的关联关系。

第14章 视之不见／道心惟微

视之不见，名曰夷；听之不闻，名曰希；
搏之不得，名曰微。此三者不可致诘，故混而为一。
其上不皦，其下不昧。绳绳兮不可名，复归于无物。
是谓无状之状，无物之象，是谓惚恍。
迎之不见其首，随之不见其后。
执今之道，以御今之有，以知古始，是谓道纪。

【校订】
绳（mǐn）绳兮：多本有"兮"，语感更好。
执今之道：按帛书本。
以知古始：按帛书本。

【句释】
绳绳兮：延绵不断的。
古始：终始。古，故，过去；始，开始，现在。过去、现在，即前后，即始终或终始。
道纪：领悟道的关键。

【主旨】道心惟微
大道难明。道心，道之关键所在，即大道。

第14章 视之不见 / 道心惟微

【精译】

（对于大道）你看他而看不到，这叫作夷；听他而听不到，这叫作希；抓他而不可得，这叫作微。夷、希、微三者，不可思议，难究其竟，所以三者混而为一。他身上也无所谓光明，身下也无所谓阴影。难以言说的无限延绵啊，又复归于空虚无物。他是没有形状的形状，没有实物的形象，叫作恍惚。迎面看不见他的头部，随后也看不见他的尾部。去依顺现今的大道，来驾驭现有的万物，来认识万物的终始，这便是领悟（全然把握）大道的根本方法。

【导读】

道心惟微，中华十六字心传"人心惟危，道心惟微，惟精惟一，允执厥中"的第二句，意为大道难明。老子以一种自然现象来喻道的难以捉摸，这个自然现象先请读者掩卷或看经文猜想一下。

道有妙用，也很深奥，以至于难明。"迎之不见其首，随之不见其后。"用这句话来形容当今的金融交易市场也恰如其分：对一般人来说，"迎面"去做低买高卖，把握不准低点和高点，"尾随"着追涨杀跌也难以跟上点；只有领悟了其中的道，才能从容应对。

这章老子是以自然界的"风"来喻道，很生动形象，有了这个谜底，再来看本章经文就比较好理解了。风的概念在中国文化中确实很重要，也往往拿来喻道，比如作风、班风、家风、行风、民风、党风等。

"执今之道"王弼本等为"执古之道"，古之道与今之道，虽大道相通，但还是会有所不同，古今之道在规律性的一面可以说是不变的，但人们对道的表达的精确性往往会不断提升，还有事物在不同因缘下走出的路径是不同的，可参见第 25 章导读的有关内容，因此总体来看，今之道与古之道会常常不同，这与一条实在的道路也会因时空变化而变是一样的，当然，有些道路因时空之变而变化不大。所以，"执今之道"比"执古之道"更加贴合对道的全方位理解，也具有现实意义，显然真理是需要也是会发展的，这也类似于具体问题具体分析的方法。

本章解译特别之处及需读者留意的是，章主旨"道心惟微"、以风喻道，以及"执今之道"之后几句的解译。

第 15 章　古之善为士者／领导之道

古之善为士者，微妙玄通，深不可识。
夫唯不可识，故强为之容：
豫兮若冬涉川，犹兮若畏四邻，
俨兮其若客，涣兮若冰之将释，
敦兮其若朴，旷兮其若谷，混兮其若浊。
孰能浊以止静之徐清？孰能安以久动之徐生？
保此道者不欲盈。夫唯不盈，故能敝而不成。

【校订】

善为士者：多本为"善为道者"，"士"应为正，因本章讲为官（士）之道，领导之道，故王弼本为正，不用校订。

孰能浊以止静之徐清：取河上公本。对应后一句为佳。

敝而不成：帛书本等多本为此句，应为正。义为弃旧而不断更新。

【句释】

微妙玄通：即妙微通玄。精妙于细微，通达于深远。（本章特指领导者分析和处理问题或事务的要领或功夫。）

【主旨】领导之道

达于微妙玄通，修于七德三才（七德三才释义见本章导读）。

【精译】

古往今来算得上善于为士（官）者，微妙玄通，深不可识。由于深不可识，只好勉强来形容他的样子：谨慎得如同冬天走过冰封河面，机敏得如同警觉四周有否危险，庄重得就像在外作客，自如得就像冰块正在溶化，敦厚得好像未经雕琢的素材，旷达得好像高山间峡谷，包容似同浑浊。谁能将混浊（混乱）的，静止下来，使之徐徐地清澈（清楚）呢？谁能将不动（僵化）的，长时间驱动它，使之徐徐地活动（活跃）起来呢？持守此道的人，是不会停滞自满的。唯有不停滞自满，才能不断发展、更新。

【导读】

老子看重过往高水平的官吏，本章将其经验总结出来让其他官吏学习。先总结出他们的为官之道、领导之道，是微妙玄通，并言之深不可识。因此就接着用形象的方式概括了他们的七个特征，可算作七德：谨慎、机敏、庄重、自如、敦厚、旷达、包容。又总结了他们独到的工作方法和原则，可算作三才：止静徐清、久动徐生、敝而不成。这三才就是说，领导在认识事物，推动工作和事业发展时，要坚持静以清之、动以生之、动静结合、循序渐进、不断更新的方法和原则；而这体现认识与实践的量变、质变与否定之否定规律。修得七德三才，同样需要徐清徐生，敝而不成，止于至善的过程。修炼七德三才到一定程度，分析和处理问题时，才能达到精妙于细微、通达于深远的微妙玄通之境界。怎么修七德三才，可重点参看第16、22、26、28、29、37、51、52、56、58、63、64章等，其中都有涉及和阐述。

本章解译特别之处及需读者留意的是，章主旨"领导之道"及微妙玄通、敝而不成的解释。

第16章　致虚极／知常达道

致虚极，守静笃。万物并作，吾以观复。
夫物芸芸，各复归其根。归根曰静，是谓复命。
复命曰常，知常曰明。不知常，妄作凶。
知常容，容乃公，公乃王，王乃天，天乃道，
道乃久，没身不殆。

【主旨】知常达道
认知了万物的周而复始循环的恒常宿命，便能通达大道。

【精译】
　　内心放松到极点，持守安静到纯一。万物蓬勃，我来观察其来龙去脉。万物纷纷繁繁，都复归其本根。回到本根就叫平静，平静便是复归了再一次的生命。生命往复，这便是恒常。认知了这种恒常，便是明心、觉悟、开悟。不认知这种恒常，就会任意妄为，后果凶险。认知了恒常，就能容下万事万物；能容下万事万物，就能公义坦荡；能公义坦荡，就能成为王者；能成为王者，就能通明天意；能通明天意，就能通达大道了。能通达大道，就可以长久了，就能终身没有危殆。

【导读】

进入一种虚静状态方可便于观察到万物本质，同于第1章无欲观妙之说。老子本章一方面阐述了万物归根循环再生之恒常，同时隐喻了每个人生命将归于死亡而再次进入下一次的生命，而认知这一恒常，即所谓无常才是恒常，就易于达到明心、觉悟、开悟。本章内容结合其他章目，可以总结出老子的生死观，人在生死的轮回中，但再生也不再是从前，"万物昔而弗始"，但又可以"死而不亡"，留下的是自己的精神。明心、觉悟、开悟就是明白自己与自己关联的一切，就是能彻底认识自己所有思想、行为、原因及归宿，并能明了自己的使命。老子多章都提到"明"字，见第27、36、52、55章等，含义如同儒家《大学》开篇所讲"大学之道，在明明德"，也类似佛家所讲"觉悟""明心见性"。反过来，明心就能便于进入虚静，也就容易明了世间一切。然后就能在纷繁的人生路标和地图中，找到自己的高速路入口、大道入口！如果能进一步做到有担当、富于公义坦荡，就有可能成为一方王者，而"域中有四大，而王居其一焉"（第25章），达道得道，则一气呵成。

关于本章所谈虚静，通过练习特定瑜伽、冥想、禅定、修真、导引等或可得，可助力放空自己的思想，寻得本心，获得智慧。当然，关于宇宙、社会和人生的相关知识、理论的学习和思考应不可或缺。

第17章　太上下知有之／悠兮贵言

太上，下知有之；其次，亲而誉之；
其次，畏之；其次，侮之。
信不足焉，有不信焉。悠兮其贵言。
功成事遂，百姓皆谓：我自然。

【主旨】悠兮贵言
稳稳地、慎重地发号施令，并言而有信。这里指君主之道。

【精译】
至善的掌权者，人们只是知道他存在；次一等的，赢得人们的亲近、赞誉；再次的，使人们畏惧害怕；更次的，遭人们侮慢、轻蔑。因（掌权者）信用不足，才有（百姓的）不信任。稳稳地、慎重地发号施令，并言而有信。大功告成之后，百姓都说："我们就这样自己做成了啊！"

【导读】
本章老子提出了君王执政水平的四个层级的评价，同时阐述君王之道应"悠兮贵言"，实际上可供各级领导者参考。最上乘的领导者之所以人们只知道他存在，就是因为他奉行了无为之道，功成了也要让人们自己感受是自然而然，而不是领导一己之功，这样可以利己利人；二等的领导者，被亲近、赞誉，虽有显德行，但可能会太过操劳，可能会损己利人，长期效果不是最佳；三等的领导者靠强力管制，让人们害怕，不会长久；四等的领导者遭侮慢，是因为所谓以智治国，管不住也管不好，显然掌权会是短暂的。

  现代企业管理者，也可参考。一流的企业领袖更多的是默默做企业背后的设计者，而运行中并不过多干预，注重无为而治，言而有信，培养好管理人才，做思想输出，做好管理背后的服务。

第18章 大道废／失道寡助

大道废，有仁义；
智慧出，有大伪；
六亲不和，有孝慈；
国家昏乱，有忠臣。

【句释】

智慧出：智慧出离了，指没了智慧。出，不可解释为"出现"，这样解释和前后句的句法不贴合。

大伪：假的智慧，义指权宜之计。

【主旨】失道寡助

【精译】

大道废弃了，有仁义之德出场（救世但作用有限）。智慧出离了，有权宜之计出场（应对但作用有限）。六亲不和了，有孝慈之德出场（劝教但作用有限）。国家昏暗混乱了，有忠良之臣出场（苦撑但作用有限）。

【导读】

大道废了，歪风会盛行，纵有仁义孝慈之教、忠臣良将或不顶用，这些所谓美名也往往同时与邪恶（环境）同在，事业就衰弱难撑、难办了。本章提醒人们应依道而行，来发展个人、事业和社会。

本章版本很多，但会是相似的解释，不必纠结原文，讲的都是道为根本、德次之、仁义更次之的意思。这个排序老子在第38章有详细论述，失道而后德，失德而后仁，失仁而后义，失义而后礼。详见第38章解译导读，其中的一个故事将说明这个顺序的现实合理性。

本章解译特别之处及需读者留意的是，"智慧出，有大伪"的解释。

第 19 章　绝圣弃智／抱朴寡欲

绝圣弃智，民利百倍；
绝仁弃义，民复孝慈；
绝巧弃利，盗贼无有。
此三者以为文不足，
故令有所属：见素抱朴，少私寡欲。

【句释】
绝圣弃智／绝仁弃义／绝巧弃利：去其名，留其实而已。这是大道兴的努力方向。

【主旨】抱朴寡欲
施行自然之道，减少贪欲。

【精译】
做到"绝圣弃智"，就能民利百倍；做到"绝仁弃义"，就能民复孝慈；做到"绝巧弃利"，就能盗贼无有。然而，用前面这三条作为条例是不够清楚的，所以还要使大家抱有力行的目标：保持言行本真，施行自然之道；减少私心，降低贪欲。

【导读】

上章说"大道废"的情况，本章转而说"大道兴"的情况。本章算是老子"相对之道"（第2章）的极致推演应用之一。社会绝圣弃智的过程，就是社会绝俗弃愚的过程，从而大众心智普遍趋于玄同境界（第56章），复归于朴，这是老子对理想社会的预想。

绝圣弃智也只是一个"圣"和"智"的"名"在人们心目中的绝弃过程，其实质并不会绝弃，反而更普遍，因而不值一提；正如不提"识字先生"，大家也都识字。绝仁弃义，绝巧弃利，道理是一样的，都是去其名，同时普遍地留其实而已。进一步说，做不到绝圣弃智，确实不足以民利"百倍"！圣人首先会从自身做起，做到"三绝三弃"以修身，进而不断推动社会普遍做到"三绝三弃"以治世。

楚简本第一句为："绝智弃辩，绝伪弃诈。"应不够老子之言的力度，做不到民利百倍，也许只够民利十倍。应不可取为正。

本章解译特别之处及需读者留意的是，"三绝三弃"的解释。

第 20 章　绝学无忧／绝学无忧

绝学无忧。

唯之与阿，相去几何？美之与恶，相去若何？

人之所畏，不可不畏。荒兮其未央哉！

众人熙熙，如享太牢，如春登台。

我独泊兮其未兆，如婴儿之未孩。

儽儽兮若无所归。众人皆有余，而我独若遗。

我愚人之心也哉！沌沌兮！

俗人昭昭，我独昏昏；俗人察察，我独闷闷。

澹兮其若海，飂兮若无止。

众人皆有以，而我独顽似鄙。

我独异于人，而贵食母。

【校订】

美之与恶：用帛书本，"美"字为正，解为"喜欢"和本章所讲心理感觉的内容才更匹配。

【句释】

唯之与阿：恭维与呵斥他。

美之与恶：喜欢与厌恶他／它。

儽（léi）儽兮：疲惫、颓丧的样子。
澹（dàn）兮：广阔茫茫。
飂（liù）兮：飘忽不止。

【主旨】绝学无忧

掌握了无以复加的学问（到了无学可学的境界），就无可忧虑了。

【精译】

掌握绝学，就无可忧虑了。（一个人被别人）恭维与呵斥，相差有多远？（一个人或事物被别人）喜欢与厌恶，区别在哪里？"大众所畏怕的，个人不可不畏怕"，此风气广漠无边，仍未停止播散啊！众人熙熙攘攘，总像是在享受盛大的宴席，总像是春天登高游乐。唯独我浑然无觉，好像不曾开化的样子，像初生婴儿还不会嬉笑。疲惫颓丧，像是四处流浪、无家可归的人。众人都自得自满，唯独我若有所失。我真是愚笨人的心肠啊！混混沌沌的呀！世俗的人个个光鲜惹眼，唯独我一个暗暗淡淡；世俗的人个个精明无比，唯独我一个傻傻憨憨。我就像在广阔茫茫的大海中，就像在飘忽不止的狂风中。众人都有一套本事，唯独我愚钝也好似粗俗。我就是这样与众不同，我特别看重从万物之道中吸取能量和智慧。

【导读】

"绝学无忧"有本置于上一章末，笔者认为置于本章为正，它与本章论述求道者与普通民众的内心与外在差别的中心相符；放于上一章，词语调性也不合。

普通大众更愿意从众、随大流，虽然表面兴高采烈、光鲜惹眼、精明无比，但内心恐惧，恐惧于外在的孤单、大众的看法、别人的看法，以至于"人之所畏，不可不畏"的随大流的心态风行。而求道者，外在不足的样子，但内心丰富，没有恐惧，不畏"澹兮其若海，飂兮若无止"的外在环境和别人看法。这就在于求道者会不断学习精进，掌握绝学，内心强大丰富，并努力去修炼大道。

要掌握哪些"绝学"呢？对于当代中国人，中华文化元典必不可少，如四书五经、《道德经》《黄帝内经》等核心思想要很清楚，具体内容要掌握一部分；现代的哲学、心理学也必不可少；个人的专业内容自然必不可少；还需具有一定的文学艺术修养……全部十几个学科门类都应要了解其精髓，而涉及人生境界修炼和专业能力的部分内容还需要不断精进。

第 21 章　孔德之容 / 孔德之道

孔德之容，惟道是从。道之为物，惟恍惟惚。
惚兮恍兮，其中有象；恍兮惚兮，其中有物；
窈兮冥兮，其中有精；其精甚真，其中有信。
自古及今，其名不去，以阅众甫。
吾何以知众甫之状哉？以此。

【句释】

孔德：创生之德。"孔"字常规解释为其引申之义"大"，实际上古文字"孔"，象形新生孩子头上未闭合的囟门，还有文字学者认为孔字由"乳"简化而来，因乳字为哺乳象形，右侧有乳房象形，故孔字又可解为乳房之"孔"；加之全章内容，孔德应为哺乳之德，而引申为创生之德，这当然也是大德。

【主旨】孔德之道

创生之德的创生之道。

【精译】

创生之德的样子，是彻底顺乎于道。道创生万物，完全是恍恍惚惚的。恍惚之中就有了形状，恍惚之中就有了实物；深远幽暗之中，存在着精微物质；这个精微物质至真至切，其中包含有

（道的）信息。从古到今，此大德的运转从未消失，可以由此推及万物的初始成长。我怎么晓得万物初始成长呢？就是由此大德的样子而来。

【导读】

老子以生物特别是动物创生之大德的样子，观察类比万物之无中生有的道妙，肯定了创生、创造、创新之伟大，揭示了创生、创造、创新之大道。创生孩子，恍恍惚惚就生出来，恍恍惚惚就长大了，带着父母的基因信息；创生一个产品，也是通过构思、设计、制造，恍恍惚惚就诞生了，带着设计者的思想基因；创生一个公司、组织等，也是一样。万物由来，老子认为也是类似的，是道创生的产物。第25章老子把道、天、地、王（人），均一同视为"大"，也就是一同视为"道"，都有创生之德、创生之道，应和此处的观察不无关系。

本章解译特别之处及需读者留意的是，"孔德"的解释，仅仅解释为"大德"是不够精细的。

第 22 章　曲则全／惟精惟一

曲则全，枉则直，洼则盈，敝则新，少则得，多则惑。
是以圣人抱一为天下式。
不自见故明，不自是故彰，
不自伐故有功，不自矜故长。
夫唯不争，故天下莫能与之争。
古之所谓曲则全者，岂虚言哉！诚全而归之。

【句释】

枉则直：矫枉达正、达直的意思，不是曲着就是直，曲着是会保全。

抱一为天下式：以整体观，探寻天下的原则、原理和方法（把"大道"化为可表达的原则、原理或方法）。抱一：整体观。为：探寻、研究。式：原则、原理、方法。

【主旨】惟精惟一

即，抱一为天下式。细察总览，以认清天下万事万物，从而厘清解决问题的总体方案。

【精译】

委曲可以保全，矫枉可以得直，低洼可得充盈，残旧可得新生，取少可以获得，贪多会使迷惑。所以，圣人以整体观，探寻天下的原则和方法。不固执己见，所以看得分明；不自以为是，所以彰显德才；不居功自夸，所以功在人心；不自做尊贵，所以被人尊重。正因为不争，天下没谁能与之竞争。古人说"委曲可以保全（解决问题）"，岂是空话呢？确确实实是言之有物的。

【导读】

惟精惟一，中华十六字心传"人心惟危，道心惟微，惟精惟一，允执厥中"中的第三句，即细察总览。本章开头就以六个事实拓宽人们观察世界的角度，让人眼前一亮，从而引出本章主旨"抱一为天下式"，即"惟精惟一"。这章是《道德经》全篇最核心的思维方法论、思想方法论，或叫思想路线：以整体观，探寻天下原则和方法；进而抓住人事物的根本、源头和发展规律，事半功倍地解决问题。它具有系统思维、辩证思维、逆向思维等内核，并具有我们常说的实事求是、具体问题具体分析地解决问题的方法。事物各方面是对立统一的，需要既强调整体把握和处理矛盾，又注重处理主要矛盾、矛盾的主要方面、具体问题具体分析等。

"不自见故明，不自是故彰，不自伐故有功，不自矜故长。"这四"不自"的为人原则，是人生发展中"小白/员工，入门/基层，师傅/中层，专家/高层，大师/领袖"的四阶段，对应一步步要更多注意的重要人性法则，也可见老子对人性洞察之清晰。

本章中老子强调"曲则全"，实际应是重在"曲线救国"之意，在此处是强调事物普遍具有复杂性，难得点到点直线就能解决问题。要想很好解决问题，反而要考虑曲折的路径，多条路径，多种思考，多种思维。本章是谈思维方法论，每一句也都值得好好思考领悟,因其他章节中还有阐释及相关解译资料也很丰富,这里就不逐句来做深入解释。

本章解译特别之处也需读者留意的是,章主旨"惟精惟一""抱一为天下式""曲则全"的解释。

第 23 章　希言自然／希言自然

希言自然。

飘风不终朝，骤雨不终日。

孰为此者？天地。天地尚不能久，而况于人乎？

故从事于道者，同于道；德者，同于德；

失者，同于失。

同于道者，道亦乐得之；同于德者，德亦乐得之；

同于失者，失亦乐得之。信不足焉，有不信焉。

【校订】

飘风不终朝：按帛书本去"故"字，语感更适合。

同于道：按帛书本去掉前面"道者"，此二字无必要。

本章后半部分：与古本差异大，但与主旨都相合，无须太纠结真本是何。

【句释】

希言：（万物都有）听之不闻的言语，或（万物都在）无言地表达。参见第 14、41 章经文"听之不闻，名曰希。""大音希声"。

【主旨】希言自然

万物在无言地表达，什么都是自然而然而来的。（自然而来就是合道的，存在即合理，任何发生的事就是其因缘所致，就其发生而言，没有所谓部分人认为的不合理。）第 2 章讲"为而弗志"，就是说万物行为不刻意，与这里讲万物自然而然的观点相似。

【精译】

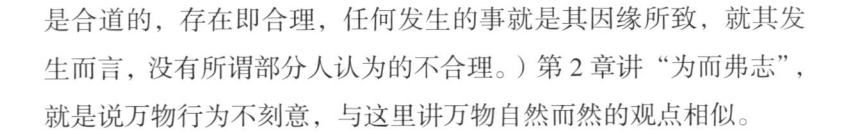

　　万物在无言地表达，什么都是自然而然而来的。（有时）狂风没刮一上午，暴雨没下一整天。兴起风雨的是谁呢？是天地。天地都不能任己之意，长时间兴作风雨（长短自然而然，因缘使然），何况人呢？所以，做事以道的人就是与道同行，做事以德的人就是与德同行，做事失道失德的人就是与失道失德同行。与道同行的人，道便助他；与德同行的人，德便助他；与失道失德同行的人，失道失德便助他（失去）。信用不足，就是因为有让人不信之处。（什么都很自然，自己要选对做对，才有想要的结果。）

【导读】

　　一切结果源于因缘，发生任何情况自然而然，存在即合理，这个合理是客观合理，不一定意味着与主观或主流价值观相合，人们可以使事物趋向主观、客观均合理。"存在即合理"是黑格尔的一句名言。黑格尔有深入研究《道德经》，可能有受此章和第 25 章道法自然的影响。一个人每一个当下的选择和行动，就基本决定了未来会发生什么。选择走在大路上，自然平坦宽阔好走；选择羊肠小路，自然崎岖不平难走。智者或心智成熟的人，上不怨天，下不尤人；最为根本的是把握自己的选择要恰当、行动要正确，结果则随之自然而然而来。

　　本章名句"飘风不终朝，骤雨不终日"，有释义为统治者暴政不可持续，还有释义为挫折坎坷都将过去，等等，是挖掘了本句本身的联想意义，可以参考学习，老子也许有这些意思。但本章中第一要义，就是"暴风骤雨"自然而然地来，自然而然地去的意思，老天爷也只能是自然而然，没法想当然。本章论述了任何事物都是在自然而然中发展变化，为第25章立论"道法自然"做好了铺垫。

本章解译特别之处也需读者留意的是，章主旨"希言自然"及其解释。

第 24 章　企者不立／余食赘行

企者不立，跨者不行。
自见者不明，自是者不彰，自伐者无功，自矜者不长。
其在道也，曰：余食赘行。物或恶之，故有道者不处。

【校订】
企者不立，跨者不行。这两句对应的真句可能为一句："炊者不立。"但意义不离主旨，不用校订。解释见精译对应内容。

【主旨】余食赘行
吃饭吃过头了，走路走过头了。比喻事情做得过度了，效果反而很不好。

【精译】
踮起脚站立不稳，跨大步难以走路。固执己见，不会明悉洞察；自以为是，德才不得以彰显；自我居功夸耀，功劳让人不以为然；自摆高贵，不能赢得他人的尊重。依道来看，这些做法类似吃饭吃过头，走路走过头。物，有时都可能会厌恶这样。有道的人是不会这样做的。

【导读】
本章老子再次论述人性，将第 22 章的四"不自"的为人原则反过来说，就变成为人或人性的四大"陋习"。这四个陋习，越是靠后的，越是高阶人士要注意的。同时说明很多事都绝不宜做过头，不要余食赘行。

物或恶之：物，有时都可能会厌恶。比如，衣服会厌恶晒太阳晒过头，有些植物也会厌恶浇水浇过头。

第 25 章 有物混成／得法达道

有物混成，先天地生。
寂兮寥兮，独立不改，周行而不殆，可以为天下母。
吾不知其名，字之曰道，强为之名曰大。
大曰逝，逝曰远，远曰反。
故道大，天大，地大，王亦大。
域中有四大，而王居其一焉。
人法地，地法天，天法道，道法自然。

【主旨】得法达道

人法地，地法天，天法道，道法自然。法：规则、法则、原则，本处有"知法于""尊法于""取法于"三重意义。人可以先知法，而后或尊法或取法，能知法加上尊法或取法也就是"得法"，得法够广、够深，也就能"达道"。

【精译】

有一个混沌的存在，在天地产生之前就已在。寂静啊，虚空啊！独立存在，永不改变。循环地运行，永不停止，称得上是天地万物的生母。我不知道他的名字，就给他起个名字叫"道"，勉强定义他的内涵为"大"。大，便无限播散（同第 4 章"道冲"），播散而致远，至远而回返。所以，道为大，天为大，地为大，王也为大。宇宙中有四个为大的,王是其中之一。人尊法取法于地,地尊法取法于天,天尊法取法于道,道则(尊法取法于)自然而然。

【导读】

本章明确表达了老子以"道"为世界本原、动力的世界观;提出了道,并隐含提出了天道、地道、王道的概念及其层次关系;提出了道法自然的论断。老子对道的描述,有五层意思:第一,道是世界的本原;第二,道是虚空的;第三,道是世界面貌的决定力量;第四,道无所不在地始终驱动着世界循环变化发展;第五,道是自然而然的,不受其他东西影响。

本章讲"周行而不殆""远曰反"的天道循环,而在第4章以"解其纷""同其尘"表述,第40章则以"反者道之动"来表述。"大"是道的最核心的内涵,是指道的存在和影响无所不在,在空间上、时间上具有普遍性。天、地、王也都为大,也就是说,这三者内涵也很近似道的内涵,即有天道、地道、王道存在的意思,也都值得重视和探讨;而其他局部事物的道相对小,相对简单一点,不过现代人也常常不管啥事都以道论之,算是道中之道吧。"王"是人的代表,老子肯定了"王"与"人"也具有一定的道的特性,同当今哲学所说人的主观能动性概念类似。"王"也可以扩展理解为任何一个级别的领导甚至只是为人长辈,在他的影响范围内就是一个"王",就值得重视。其实,人人都在一定时间、一定范围内是"王",所以,人法地就是"王与人法地",简称人法地。对于鬼、神,结合《道德经》全篇,在老子眼里应等价于"人"或"王"。

理解好最后四句的"法"字很重要,大多解释为"取法于"

或"效法于",笔者认为应解释为"知法于、尊法于、取法于"三合一的要义,核心是"尊法、取法",取法或可包含尊法之义,但分开来解释,可让人更容易精细地理解。人法地,首先可以理解为,人被地"管着",被地限制着行为,当然也"管饭"(提供餐食),所以人必须首先知晓和遵守"地"之规则,要适应于地,也就是要知其法、尊其法。如,哪些地方有水就去哪里,哪里猎物多就去哪里,等等。本章通过"道"的先天地生,独立不改,为天下母的本性,及其"法"层层渗透到万物众生的威力,让人们知晓道之尊,而尊其道就是尊其法。这与第51章"道之尊,德之贵,夫莫之命而常自然"相互呼应。

人法地,还可以理解为取法于地。人可以模仿地上见到的事物现象,让自己更好地生存发展,如仿生构造建筑居住,仿河道之形,自己筑渠用水,效法天地道德,修身治国,等等。现代人则做到了可以把握万有引力而上太空,把握光影而创造电影等。

道法自然,就是说道是自然而然的。第2章讲万物"为而弗志",即"万物行为没有刻意",第23章讲"希言自然",即"万物在无言地表达,什么都是自然而然",万事万物都自然而然,驱动万物的道不自然而然还能怎样?比如,通常条件下,在平原水烧到100度沸腾,而高山上可低至70多度就沸腾了;再如,交通事故中,产生原因多种多样,但各方可能都有损害,也不会因为你遵守交规就一定不会涉入事故中;这都是自然的事。发生的事就是道驱动的结果,存在即合理!但不一定符合某些人的愿望,不一定符合人类主流的价值观,这时人们称之为不合道,是不合人们认定的"正道",但事实上也是符合"道"的,可以叫"歪道"或"败道"。所以,所谓修道,是指要弄懂领悟道,全然地把握道,然后选择走正道。另可参见第23章的导读。

第25章 有物混成/得法达道

　　一般来说，道是一股有规律的"能量"或"力量"，会使某一事物在某些因缘下，必然产生某一特定结果。所以王弼说："道者，物之所由也。"这个过程中，道就借着这些因缘驱动事物沿着某条特定的路径发展，所以因缘与路径可以说是道中最重要的表征。这些因缘，用马克思主义哲学的话来讲就是所谓内因、外因，即矛盾，它们推动事物发展，而路径就是事物发展的时空印记。因缘和路径是道的两个重要方面，其中有些显在，有些隐匿。王弼所说的物之所"由"，即是"缘由""路由"，就是因缘、路径。比如投篮入筐：篮球被扔出的方向、速度等众多因缘会共同作用于篮球，共同决定其是否能入筐；这些众多因缘会使篮球有一个路径，这些因缘和路径就可以形象指代说是这件事的"道"。再比如，某人要去某地，无论如何，最终是众多因缘下为其形成一个全程的路径。有些抽象的道难理解、难把握一点，比如茶道，实际上也会有众多因缘和一个抽象的泡茶路径。更难理解的比如成功之道，也会以众多因缘加上某一条抽象的路径达到目标。不管什么道，也都可以用抽象但又具体的图来比喻或表示，道就像是我们项目管理用的"项目计划网络图"，各子任务分分合合完成再逐步汇聚起来而完成总目标，第73章讲天网恢恢，老子也许就是觉得道像网络图一样，然后产生天网恢恢的感觉吧；道也像我们分析和解决问题用的"鱼骨图"。

　　合道的核心就是控制事物在达到目标的较优路径或状态上，也就是要把握好相关各种因缘。比如上面的投篮入筐的例子，就是把握好各因缘，获得篮球入筐的某一条路径。再比如某人要去某地，就是要一路把握好相关因缘并以某条较优的路径到达某地这一目标。成功之道也是一样的。全然地把握道，就是清楚地了解和有效地把握事物的因缘、路径。正如《大学》所说："物有本

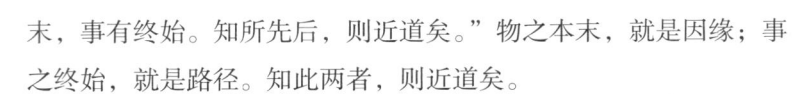

末,事有终始。知所先后,则近道矣。"物之本末,就是因缘;事之终始,就是路径。知此两者,则近道矣。

道,本身到底是固定不变的还是有所变化的?笔者认为应有所变化,分析如下。由于道的内涵具有复杂性,从其抽象的规律性的一面来讲,有其不变的一面;但道又有一定的具象的、特殊性的一面,他代表着具体的事物的发展因缘与路径,因缘的不同会走出不同的路径;同时人们对道的认知和表达也在不断提升中,因此,道又有变化的一面。第2章就讲"万物昔而弗始",万物既然永远处于变化中,而且不会回到从前一样,就表明了事物并不会简单地循环,这里讲的"独立不改,周行而不殆"是指道的背后规律性的一面,并不是在指明道的全部属性。

本章解译特别之处及需读者留意的是,章主旨"得法达道"及"道""大""法"的解释。

第 26 章　重为轻根／持重守静

重为轻根，静为躁君。
是以君子终日行不离辎重。唯有环官，燕处则昭若。
奈何万乘之主，而以身轻天下？
轻则失根，躁则失君。

【校订】
君子：用帛书本。君子在《道德经》中指君主或君王。本章中用以对比"万乘之主"更恰当。

唯有环官，燕处则昭：按帛书本。官：通馆，即宫。

【主旨】持重守静
抓管重要的事，安静、理性地决策。即要抓主要矛盾及矛盾的主要方面，同时也要谦虚谨慎、戒骄戒躁。

【精译】
重是轻的根基，静是躁的主宰。所以，一些君王每当出行都有车马辎重随行（意指带上必要、重要的东西，路上反而就会很方便；只带上一点轻简的东西，路上反而不方便）。只有某些万乘大国君主的行宫，君主常轻松地往来于其中而热闹昭然（意指精力没放在重要之处，且躁动不谨慎的样子）。奈何大国君主，却轻率为政于天下？就轻就会失去根本，躁动就会失去掌控。

【导读】

作为领导者应持重守静，即要抓住重要根本的事物或事物的重要根本的一面，安静、理智地决策；而不是不问根本，避重就轻，于轻率躁动中决策。

重为轻根，这是个显而易见的自然现象和规律，比如物品的堆叠，植物的根、干、枝、叶的分布等。抓住重点和根本点，才能解决好整体的问题。这也是被社会历史发展中无数事例所证明的，没抓住重点，必将造成无可挽回的失败。因此要持重为根，避免就轻失根。

静为躁君，也是一条自然规律，任何事物躁动和突变或将归于平静或将归于缓慢变化，而人心也是如此；同时，躁动中的事物显然容易出问题。所以，要使自己常在平静中，要在平静当中决策，避免忙中出错，避免躁而失君。

如何修得持重守静？可参考第5、10、12、16、22、44、48、52、56章等。而治国之"重"可参看第3、8、31、37、49、59、60、61、65、74章等。

第 27 章　善行无辙迹／教学相长

善行无辙迹，善言无瑕谪，善数不用筹策，
善闭无关楗而不可开，善结无绳约而不可解。
是以圣人常善救人，故无弃人；
常善救物，故无弃物；是谓袭明。
故善人者，不善人之师；不善人者，善人之资。
不贵其师，不爱其资，虽智大迷，是谓要妙。

【句释】
袭明：深藏的智慧。
虽智大迷：虽然有智慧或懂得，但总是可能会有错误或迷失。大，总是可能会／大都会。

【主旨】教学相长

【精译】
善于遁形则不留踪迹，善于言辞则讲话无错无失，善于计算则不用借助器具，善于闭锁则不用栓销，却无人能打开，善于捆绑则不用绳索，却无人能解开。圣人常善拯救和使用世人，所以就没有被抛弃的人；也常善挽救和使用事物，所以就没有废弃之事物。这是深藏的智慧。所以，善（长）者可以做不善（长）者的老师，不善（长）者可以做善（长）者学生。学生不能过于遵从老师（要质疑老师），老师不能过于疼爱学生（安排的学习内容要有挑战性，且要严格教导），因为老师虽懂得较多但也会出错，而学生总会有一些不懂的地方（所以要互相促进，教学相长），这是一个至关重要的奥妙！

【导读】

本章讨论的是如何发挥善（长）者的作用。圣人，有德有才善于救人救物；一般的善（长）者，可以做老师，不善（长）者作为老师的学生。师生之道，教学相长，学生要敢于质疑老师，老师要严格要求学生。社会发展需要尊重老师，爱护学生，但同时也不能一潭死水，唯师是从，学生要敢于质疑，敢于突破，敢于创新，也需要老师严格的要求和严格的教导。

本章解译特别之处及需读者留意的是，章主旨"教学相长"及"不贵其师，不爱其资，虽智大迷"的解释。

第28章 知其雄／大制不割

知其雄,守其雌,为天下溪。
为天下溪,常德不离,复归于婴儿。
知其白,守其黑,为天下式。
为天下式,常德不忒,复归于无极。
知其荣,守其辱,为天下谷。
为天下谷,常德乃足,复归于朴。
朴散则为器,圣人用之,则为官长。故大制不割。

【句释】
为天下式:探究天下的原则、方法。

大制不割:本义是,大制作、大器物,必须用好的大材料,因此也无须太多切割及加工。本章用其引申之义,见主旨解释。

【主旨】大制不割
高阶岗位,要用大德大才,因此也无须培训与改造。

【精译】
知道自己有强大充足的一面,也看见自己仍有弱小不足的一面,愿做天下的溪流(以纳天下学识)。作为天下的溪流,永恒的大德与他同在,复归于婴儿(成长动力十足)。(前几句说人才会为学日益。）知道自己的明白所在，也不忘自己的蒙昧所在，从而努力探寻天下的原则、方法。努力探寻天下的原则、方法，永恒的大德日臻完善，复归于无限的境界（不断得以求真求道）。（前几句说人才会为道日损。）知道自己成功荣耀的一面，也不忘自己失败不足的一面，愿做天下的虚谷。作为天下的虚谷，永恒的大德充足丰满，复归于存在的本原。（前几句说人才会不断为道日损，损之又损；修德于为而不争、见素抱朴、少私寡欲等大德。）大材料，经过太多切割加工，会成为一般的器具。圣人使用大德大才，会安排他们在高位。也就是说，高阶岗位，必须用大德大才，因此也无须培训与改造。

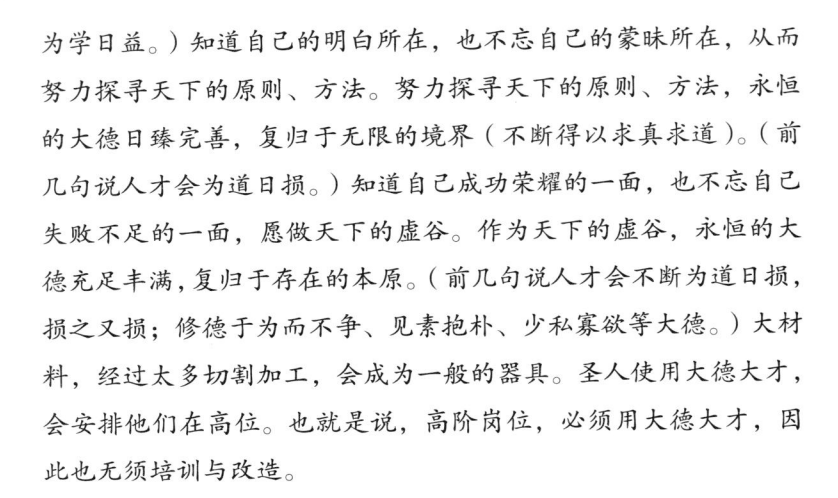

【导读】

本章老子论述的是其人才观。本章开头就着重地论述了大德大才的养成过程。然后给出了建议，大德大才，要用于高位，这叫大制不割。先要正确理解大制不割的本义，如栋梁之材做成房子主梁，再如现代的绝艺根雕，就是大制不割的很好例子，大才不经多少加工就可以适用；老子也以此喻义岗位与人才：重要高阶岗位，应配以德足才高的人才，这些人才需要长时间的成长过程，成熟之时加以选拔使用，也就无须培训改造了。高位的培训改造有多难呢？不合格的高位其失误又会带来多大损失呢？不言而明。

本章解译特别之处及需读者留意的是，章主旨"大制不割"及其解释，且本章主要阐述大德大才的成长过程和使用之道。

第 29 章　将欲取天下／人心惟危

将欲取天下而为之，吾见其不得已。
天下神器，不可为也。为者败之，执者失之。
夫物或行或随，或歔或吹，或强或羸，或培或隳。
是以圣人去甚，去奢，去泰。

【校订】
夫物或行或随……或培或隳：多本为"夫"，比王弼本"故"恰当。"培"比"挫"恰当。另，本段落各本的文字差异较大，但意思都是指人心不同带来的有利和有害的两面，适当选取都不妨碍解译本章核心主旨。

【句释】
隳（huī）：毁坏城墙或山头。

【主旨】人心惟危
人心难测。好、坏、忠、奸、仁义、邪恶各色人等均有，有些人短时间是难以被觉察清楚的。

【精译】
想刻意而为去赢取天下，我看达不到目的。天下是神奇的大器，不是刻意而为就可获取的。刻意而为去获取的，必然失败；刻意而为持守的，必然丧失。万事万物是这样的：有的选择离开，有的愿意随行；有的会拆台泄气，有的会捧场鼓劲；有的会增强加大，有的会削弱减小；有的会加固根基，有的会挖墙脚。所以圣人会摈弃偏执、奢侈、高贵。

【导读】

人心惟危，是中华十六字心传"人心惟危，道心惟微，惟精惟一，允执厥中"中的第一句，即人心难测。本章中所提及万事万物，也包括人，会有正面、反面的表现，其核心原因是其背后的人或人心所致，因好、坏、忠、奸、仁义、邪恶各色人等均有。天下之所以为神器，老子认为最主要的就是人心难测，其次是大小君王之欲，即甚、奢、泰，这也是个大问题。所以圣人要先做好自己，应去欲，即去甚、去奢、去泰，以更好归拢人心。天下神器应以无为之道，方得以为之。所以，开创大事业，也要考虑清楚自己的实力，因大事业也可以说是神器。具体的人心问题怎么办？其他很多章句会提供一些原则方法，可以参考第3、12、37、49、60、62、65、66、72、79章等。

本章解译特别之处及需读者留意的是，章主旨"人心惟危"及其解释，以及"夫物或行或随，或歔或吹，或强或羸，或培或隳"与"天下神器，不可为也"的逻辑。

第 30 章　以道佐人主者／兵果而已

以道佐人主者，不以兵强天下。其事好还。
师之所处，荆棘生焉；大军之后，必有凶年。
善者果而已，不敢以取强。
果而勿矜，果而勿伐，果而勿骄，
果而不得已，果而勿强。
物壮则老，是谓不道，不道早已。

【校订】
善者果而已：按帛书本更合适。

【主旨】兵果而已
用兵达到一个合适的目标就要收手。

【精译】
用道来辅佐人君，不靠武力来称强天下。用武力总是有报应的。军队进驻之地，田地荒芜，荆棘便长出来；每逢大战之后，灾年接着来到。善者是达到一个合适目标就好，不会一直强取下去。合适的目标达成后要不自大、不炫耀、不骄傲，合适的目标是不得已而为之的事情，所以不再强取下去了。万事万物一旦到了顶峰就开始衰败，衰败就是走败道，走败道就会加速死亡。

【导读】

本章反映了老子反战、慎战的思想。当今打商战的企业也可参考其思想,见好就收,不要因此走上败道。

第 31 章　夫佳兵者／文武之道

夫佳兵者，不祥之器。物或恶之，故有道者不处。
君子居则贵左，用兵则贵右。
兵者，不祥之器，非君子之器，不得已而用之。
恬淡为上，胜而不美，而美之者，是乐杀人。
夫乐杀人者，则不可以得志于天下矣。
吉事尚左，凶事尚右。
偏将军居左，上将军居右，言以丧礼居之。
杀人之众，以悲哀莅之。战胜，以丧礼处之。

【校订】
丧礼居之：自郭店楚简本和帛书本。
悲哀莅之：自郭店楚简本和帛书本。

【句释】
左／右：为古代的礼法，但老子在此处应还有对应"智慧／胆量"之义。
君子：君主或君王。

【主旨】文武之道

【精译】

那些帅气英武的士兵军队,也是不吉利的东西。物都可能厌恶它,有道的人不用它。君王平时贵左(重智慧),战时贵右(重胆量)。兵者,是不吉利的东西,不是君王该使用的,不得已而用之。以恬淡之心为好,打胜了也不应当成美事,以打胜仗为美事,就是乐于杀人。乐于杀人的人,是不可能得志于天下的。吉祥之事尚左(重智慧),凶丧之事尚右(重胆量)。偏将军居左(重智慧),上将军居右(重胆量),就是说,以凶丧之事礼仪的左右居位来对应将军的左右居位。杀人多了,要驻足哀悼。打了胜仗,也像办丧事礼仪一样对待。

【导读】

平时贵左、贵文、贵智慧,战时贵右、贵武、贵胆量,此君王文武之道。不得已而用兵,胜而不美,战胜则以丧礼处之。

物或恶之:战事会导致众物损坏,众物当然会厌恶之。

本章解译特别之处及需读者留意的是,章主旨"文武之道"及左与右的进一步解释。

第32章　道常无名／各行其道

道常无名，朴。虽小，天下莫能臣也。
侯王若能守之，万物将自宾。
天地相合，以降甘露，民莫之令而自均。
始制有名，名亦既有，夫亦将知止，知止可以不殆。
譬道之在天下，犹川谷之于江海。

【主旨】各行其道
各司其职、各行其道。

【精译】
道，一直都没有名位，也很质朴。虽然他很精微，天下却没有什么能支配他。王侯若能持守他，万物万民会自动归顺。天地相互作用调和，有了条件，就降下雨水，无人分配，自然均匀。（成立任何组织或系统）一开始就要制定各种名位，既有了名位（规定了权、责、利），也就都该知道自己的限度不去逾越，知道限度而及时止步，就可以平安无患了（也包括制定名位这件事本身也要有限度）。就如同道引导天下万物运行之一例的川谷引导大江大海。

【导读】
本章重点论述管理之道的一些要点，强调有系统就要定名位、

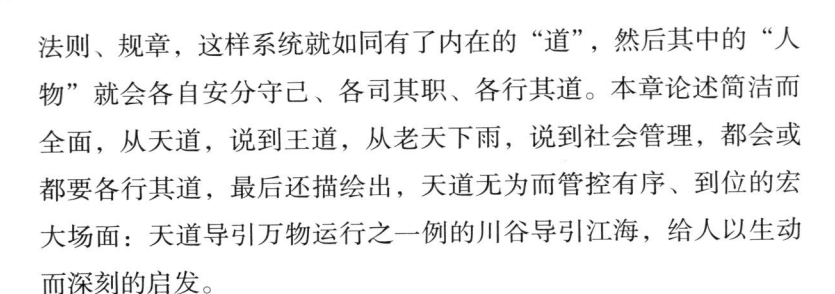

法则、规章,这样系统就如同有了内在的"道",然后其中的"人物"就会各自安分守己、各司其职、各行其道。本章论述简洁而全面,从天道,说到王道,从老天下雨,说到社会管理,都会或都要各行其道,最后还描绘出,天道无为而管控有序、到位的宏大场面:天道导引万物运行之一例的川谷导引江海,给人以生动而深刻的启发。

第33章　知人者智／人生大道

知人者智，自知者明。
胜人者有力，自胜者强。
知足者富，强行者有志。
不失其所者久，死而不亡者寿。

【主旨】人生大道

【精译】

能看清别人的言行、思想、情绪、优点、缺点等，算是聪明；能看清自己的言行、思想、情绪、优点、缺点等，才是有智慧。能影响及改变别人，算是有力量；能克服自己的不足及完善自己，才是真的强大。知足的人，是富有的；坚定前行的人有志气。不失生活与精神家园的人可以使人生和事业长久；肉身虽死，但却不被人们忘记的人才是长寿。

【导读】

第3章给国家管理者提出了治国大道，提出了道治社会的根本方法；本章则给所有人指明了人生大道，指明了道治人生的根本方法，指明了人生大道上需要突破的八个关口：知人、自知、胜人、自胜、知足、强行、不失其所、死而不亡，也可以表达为：

智、明、力、强、富、志、久、寿。佛家讲人的问题在于"贪嗔痴",所用破解方法是"戒定慧",而这八个关口的突破与"戒定慧"异曲同工。建议读者可将本章所讲人生大道的这八关与《大学》的三纲八目即"明明德、亲民、止于至善""格物、致知、诚意、正心、修身、齐家、治国、平天下",及《庄子》大宗师篇所讲人生七境界即"外天下、外物、外生、朝彻、见独、无古今、不死不生"来进行对照和领悟。

不失其所,"其所"有很多解译,身体、德才、财富、家庭、事业、朋友显然都可以,但最高层级的所指应是一个人的使命,这才是持久强大的人生动力。因此,人们不但要建设好自己的生活家园,更要建设好自己的精神家园。

死而不亡,可以理解为身死后而有东西留下来并被记住或传承,一方面可以是有形的东西,如家族后代、事业、作品等,另一方面就是留下抽象的可传承的精神、思想、作品等。现代人有福了,如果愿意,几乎所有人都可以在网络平台上留下自己的视频和作品。但应该用点心思,留下一些有价值的东西。如果一个人一点有价值的东西也没给世界留下来,可能是个遗憾。死而不亡,是不是有更深的意义呢?老君台十三枚炮击哑弹之事是纯属物理巧事?

本章对于人生大道的阐释,体现了平衡观点:既要知人,也要自知;既要胜人,也要自胜;既要知足,也要强行。为什么总是强调柔弱、虚静、处下、处后的老子,在此处提"强行者有志"?事实上,老子思想总体上看还是以平衡、和谐为核心的思想,这可能是老子提给想成为王者(各领域的王者)的人参考的一点,这也合了孔子给乾卦的一个解:天行健,君子以自强不息。

人生大道的八关口每一关都要为学为道,比如最前面两关:

知人、自知，这是把握自己人生的一个基本功，且有很多中外书籍讲解其相应的智慧，可重点参考现代的心理学及哲学著作。这八关，综合起来看，完成学历教育是基础，同时要对所学做拓展或深入，特别是作为中国人一定要学些国学，并和其他所学融会贯通，加以实践应用，做到知行合一。无论如何，都需要保持切合自身的有效的终身学习。

第 34 章　大道氾兮／大成之道

大道氾兮，其可左右。
万物恃之以生而不辞，功成不名有。
衣养万物而不为主，常无欲，可名于小；
万物归焉而不为主，可名为大。
以其终不自为大，故能成其大。

【句释】

氾（fàn）：大水漫流，淹没。同"泛"，此处经文也可直接用"泛"字。

功成不名有：功成了也不自称他的存在、功德、主权。

不自为大：自己不刻意要成为尊长、老大。

【主旨】大成之道

做出大成就的道法：不以刻意，让自己成为尊长、老大；而以诚心和有效服务以及利益大众，让自己成为尊长、老大。

【精译】

大道无所不在流淌播散，影响一切。万物都是藉著他创生不停，功成了，他也不居功占有。护养万物，他却不做主宰，也一直没有（居功和成为主宰的）欲望，可以说他是算渺小的。当万物都依附归向他时,他仍然不做主宰,这时他实际就成了尊长、老大。由于他始终自己不刻意要成为尊长、老大(而是始终服务万物众生),所以能成就他为尊长、老大。

【导读】

本章以大道成就万物而无欲居功占有和无欲做主宰,反而自然而然成为万物之主的生动事实,喻圣人成就大业之道。本章为圣人应具备无我、无欲、无私之德观点也提供了有力的论据。

老子的辩证法思想也无所不在,本章也有很好体现。大道,创生万物、衣养万物,就是服务万物众生,也不思居功、占有、为主,从这个角度他确实是可以被看作"小"的服务生。另可参见第 7 章(内圣外王)。一个公司不能单靠投入刻意让自己长大,而是要靠能够拥有和服务好广大的客户。一个人要成为合格的大家长,也不是靠自己一厢情愿,而是要靠能够养育好一大堆孩子。

第 35 章　执大象／道妙味淡

执大象，天下往。往而不害，安平太。
乐与饵，过客止。道之出口，淡乎其无味，
视之不足见，听之不足闻，用之不可既也。

【校订】
用之不可既也：本句是采用帛书本。

【句释】
大象：大道之要略。

【主旨】道妙味淡

【精译】
　　秉持大道之要略，就能行于天下，而没有危险，会安心、平和、泰然。美妙音乐、美味佳肴，常使过客沉溺不前。"道"都出来说话了：道虽然淡淡的，没什么味道，也看不到什么，也听不到什么，但用起来却无穷尽！

【导读】
　　本章前几句表达的中心思想，就如同："学好数理化，走遍天下都不怕！"道虽然妙用无比，怎奈道之味寡淡，不易吸引人，大众普遍不重视。比如当下很多人用大把时间刷手机，爱看些刺激但价值并不高的东西等，并乐此不疲。道是妙用无比的，甚至一些平常之道。如若掌握了游泳之道，就不怕去下水；懂得人们的心思，就会安心与人交往也不易出纰漏……

"天下往"的某些解译是，天下归往。在此处是不够恰当的，因与后面的"乐与饵，过客止"有矛盾。大众若因你"执大象"愿意归往你，怎还能被小小的"乐与饵"诱惑止步？这章主要还是说，普通大众若能执道之要略，就会妙处多多，但却不易引起重视，借"道"之口温馨提醒大众。

本章解译特别之处及需读者留意的是，经文校订句及其解释，还有"天下往"的解释。

第 36 章　将欲歙之／谋略之道

将欲歙之，必固张之；将欲弱之，必固强之；
将欲废之，必固兴之；将欲夺之，必固与之。
是谓微明。
柔弱胜刚强，鱼不可脱于渊，国之利器不可以示人。

【句释】
歙（xī）：收缩。
必固：那就要。
微明：微妙（不易被发现）的智慧，这里指谋略之道。

【主旨】谋略之道

【精译】
想要压制对手，那就要让其扩张一下。想要削弱对手，那就要让其增强一下。想要废除对手，那就要让其兴盛一会儿。想要夺取对手，那就要让其获得一点儿。这些是微妙的（谋略）智慧。柔弱可以胜刚强，（就是要靠精妙的谋略，但要注意）正如鱼不能离开水，国家的重要谋略切不可泄露给外人。

【导读】
本章老子阐述谋略之道。谋略本身仅为利器，无论是阴阳，关键在于使用者的发心，用于正义就是合道。老子谋略之道基于物极必反等天道及人心、人性特点等，通过辩证思想来总结归纳，极简且高明，用于持正义而待敌对势力。老子的这些谋略之道与著名的谋略家鬼谷子著作里的一些论述一致无二，鬼谷子应是有受到老子思想的影响。

以章主旨"谋略之道"为指引，将各分句重新详解于下：

将欲歙之，必固张之：想要压制对手，就让对手伸开手忙一点，给对手制造更多的敌人或麻烦以牵制或分散其力量，以至于对手应对我方的力量相对减弱，便于我方压制对手。

将欲弱之，必固强之：想要削弱对手，就让对手自我感觉强大，以令其骄傲自满，就易于捕获机会削弱之。即使对手真的强大，若能令其不涵养柔弱之德，也将会令之易于老化、僵化，行老子所说"物壮则老"之败道。

将欲废之，必固兴之：想要废除对手，就让对手在不必要或不重要的地方消耗财力、物力、人力，可令其力量自行衰减至微，就可寻机废除之。此处"兴之"有其他本为"举之"，意近同上句"强之"，不如"兴之"含义深入。

将欲夺之，必固与之：想要夺取对手，就给对手诱饵或一定利益以取胜之或换取更大利益。

以上四招是不同角度的谋略，常常可以根据情况实施组合。

柔弱胜刚强：柔弱胜刚强，是要有条件的，很重要的一方面就是靠精妙的谋略。

鱼不可脱于渊：以实例隐晦说明谋略需要秘密进行，否则很可能失效。

国之利器不可以示人：直接说明重要谋略需要秘密进行，否则对手知道了就有时间研究对策，就可能使该谋略打折甚至失效。

智慧的传承

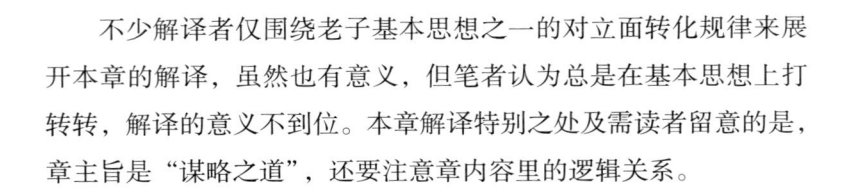

不少解译者仅围绕老子基本思想之一的对立面转化规律来展开本章的解译,虽然也有意义,但笔者认为总是在基本思想上打转转,解译的意义不到位。本章解译特别之处及需读者留意的是,章主旨是"谋略之道",还要注意章内容里的逻辑关系。

第 37 章　道恒无为 / 守道之道

道恒无为。
侯王若能守之，万物将自化。
化而欲作，吾将镇之以无名之朴。
镇之以无名之朴，夫将不辱。不辱以静，天下将自正。

【校订】
道恒无为：由"道常无为而无不为"，改为郭店楚简本，更贴合全章内容。
辱：王本为"欲"字，改为帛书本，更贴合。
自正：由"自定"，改为帛书本，更准确。参见第 45 章"清静可以为天下正"。

【句释】
无名之朴：天道，主要指四大天道（见第 4 章）。

【主旨】守道之道

【精译】
道，总是在那里无为运行。王侯君主若能持守他，就能让万物万民自行发展演化。万物万民演化中可能发作出轨活动，我便用那天道修正这些出轨活动，用那天道来修正这些出轨活动，这些天道将会不辱使命。不辱使命，将使这些出轨活动平静下来，天下便自行重新归于正轨。

【导读】

四大天道，即挫其锐、解其纷、和其光、同其尘。解译详见第4章。本章主旨是说，国家社会要依道无为而治，并可将四大天道用于社会管理，如此，社会将始终行于正轨之中。

可以看看以下这几个例子的解读。打击酒驾时，会抓到一些人依法处置并曝光；社会某些不良风气盛行时，也会抓到一些相关人员依法处理并曝光；这就是挫其锐，通过打击部分冒尖分子并予曝光，达到全面遏制某些违法或不恰当的言行。彻底打掉社会黑势力及保护伞，这叫解其纷。某些行业的一些人赚钱巨多且不合理或不合法，引起大众议论，随后就可能看到新闻报出其中一些偷逃税等违法者被依法处理并曝光，这就是和其光，在纠正不良行为和风气的同时缓和公众舆论情绪。这也算在抓偷逃税工作方面的"挫其锐"。针对社会中贫困个体或弱势群体或违纪违法者等，我们也会看到很多行动，或救助帮扶或教导改造等，这是同其尘，可使上述群体尽早跟上或回归正常社会生活，以减少他们可能带来的其他不良影响。四大天道对于一个公司的管理也很适用。

本章解译特别之处也需读者留意的是，经文校订句及其解释，还有"无名之朴"特指四大天道。

德篇

第38章　上德不德／处实不华

上德不德，是以有德；下德不失德，是以无德。
上德无为而无以为；下德为之而有以为；
上仁为之而无以为；上义为之而有以为；
上礼为之而莫之应，则攘臂而扔之。
故失道而后德，失德而后仁，
失仁而后义，失义而后礼。
夫礼者，忠信之薄，而乱之首。
前识者，道之华而愚之始。
是以大丈夫处其厚，不居其薄；处其实，不居其华。
故去彼取此。

【句释】

无为：不刻意而为，不妄为，依道自动自觉而为。
为之：刻意而为。
无以为：不求回报。
有以为：求回报。
道之华：说起来它是华丽的。

【主旨】处实不华

力处道德之实，不居礼法之华。

【精译】

上德，不为追求自己显得有高尚之德，（去善言善行，而是觉得应该），这样才是具备高尚之德。下德，是为了让自己显得有高尚之德，（去善言善行，感觉有点勉强自己），因此就并不具备高尚之德。上德，是依道而行，并无刻意而为所谓善言善行，也不求他人回报。下德，是刻意而为所谓善言善行，并想求得他人回报。上仁，是刻意而为仁，但不求他人回报。上义，是刻意而为义，而且想求得他人回报。上礼，是刻意而为礼，而没有人愿意响应，若真没响应就会一甩胳膊愤然离去。所以，丧失了道，才需要德；丧失了德，才需要仁；丧失了仁，才需要义；丧失了义，才需要礼。所谓礼法或礼仪，不过表明了忠信的浅薄缺乏，其实是祸乱的源头。熟悉前面所说的"礼"的人都知道，礼仪说起来是有点华丽，但却是愚昧的开始。所以，大丈夫处在厚实的大道中，而不站在浅薄的礼仪上；处在真朴中，而不站在虚华上。所以，除彼取此。

【导读】

道统天下，当依道而行，合道即是有德。修德应追求的是上德境界：上德不德，无为而无以为。本章要了解的几个主要概念及层次对照表如表1：（注：表中"中德""缺德"为笔者所添加的概念，以便对比层次关系）

表1

序	层次	上德/下德	上仁/上义/上礼
1	上德	上德不德，无为而无以为	
2	（中德）		上仁为之而无以为
3	下德/无德	下德不失德，为之而有以为	上义为之而有以为
4	（缺德）		上礼为之而莫之应

王弼说:"德者,得也。""德者,物之所得也"。韩非说:"德者,内也;得者,外也。"这是古人对德的解释,综合起来可以这样理解:"德"是内在的"得",是人、事、物发展中自身内在得到的一切;而现代语境中"德"一般是指人、事、物内在的抽象特性,但实际上抽象特性也离不开实有的本体;同时内在的"得",也很容易转化为外在的"得",即所谓厚德载物。商周时期部分杰出的执政者已有"德"的觉悟,认为"自己不得,保障民得,就是德"。不与民争利益,就是德,就是得,日累月积即为积德。

看一个上德和下德的案例。张总和李总都捐了100万人民币做公益。张总没想着要什么外部的回报,只是觉得自己有能力、有义务做这件事,这就是叫上德。而李总觉得自己得借这个机会彰显下自己的德行,想方设法地安排记者来报道一下,还顺便做了个广告,这个就是下德,就是无德,但不是缺德。以此可以看出人们的"行为"与"发心"都很重要。

再看一个故事,看主人公是如何在一分钟内失道进而失德、失仁、失义的。小王正在国道上开车,急着要去省城办事。走着走着,小王看到限速60的标牌,他若一看到就自觉及时减速,就是依"道"(交规)而行;但小王一不留神没及时减速,然后就超速行驶了,他就"失道"了;他意识到后,若马上减速,就叫"而后德",但他想赶路,所以没及时纠正,他就"失德"了;之后他又想了想,自己得做个好公民,所以得减速,他若此时减速下来,就叫"而后仁",可是他又想到办事时间紧,所以就又没减速下来,这就"失仁"了;过了会儿他又想到交规很严,如不遵守会被罚款、扣分,所以得减速,他若此时减速下来,就叫"而后义",但最终他因着急办事想侥幸一下,故而继续超速,这就"失义"了;没多久他就被交警给拦下,交警给他敬了个"礼",这是

"而后礼"的先兆，交警欲开单，罚其200元扣3分，小王一听急了，马上向交警"堆笑""说好话"，求交警放他一马，这就叫"而后礼"。若小王这时还进一步欲想"私了"，那就有可能进入"忠信之薄，而乱之首"的状况了。当然，这是不可能被容忍的。

这里再直白一点解释下"道"与"德"，在《道德经》语境中单独来说这两个字通常代表正面、正向的意义，即指道正、德高。这样一般情况下，道就是指一股有规律的"能量"或"力量"，它使某特性事物在某一堆条件下必然产生某一好的结果；而德是指事物的特性合正道。比如椅子，材质、形状要适合坐，且还要够结实到能承受大部分人的体重，才能成为合格椅子，这是规律的"能量"或"力量"的要求，这就是道；若你提供的一把椅子，材质、形状适合坐（椅子的德），且能承受体重200公斤的人来坐（椅子的德），对照上面说的道，是合道的，这把椅子就是合格的椅子，或是说它有了椅子应有的"德"。

再看看有关一个人的道与德，显然，一个人自身健康生存、发展并与周围的人、环境保持和谐是人的正道，而有德就是一个人有合于道的特点或特性，是他的身体、内在情绪、精神与一切行为的特性之总和符合道。老子第10章所讲的玄德，就是一个人具备大德时的样子，涉及人的方方面面。在现代，我们虽然讲到人就会分德、智、体，或分德、才，但要知晓德中就包含智和体，还包含情绪和精神，而"才"也是德的一部分，只是智、体、才，单独拿出来谈是为了更方便谈这方面的培养和发展，情绪、精神也常单独拿出来谈。老子谈身体是用含德；而智、才、情绪、精神方面的不同描述较多，如常德、建德、广德、孔德等；精神方面的还用上德和下德描述；玄德则涉及各方面。一个人若其德合道，则生存发展顺利，否则就难免波折坎坷。

道和德可用软件技术做比喻，道就如同一个软件系统的全部算法，而德就是软件系统中涉及的"对象"（万物）分"类"定义的"属性"和"方法"（行为方式）。

再看看表1，为何"上礼"就成了"缺德"了呢？老子的看法是，"礼"背后有目的，不管是简单的礼仪，还是复杂的礼仪，你得按要求回应，就有强迫之意，也就有缺德之意了；可能还有更进一步的要求或目的，这就更明显缺德了。如若没有这些背后缺德的目的之"礼"，老子认为这就是属于道德仁义了，而不属于礼，也就不应认为是缺德了。比如老朋友见面的寒暄，没有啥不良目的，发自真心，是情义；一些仪式，包括婚丧嫁娶乃至简单见面、握手、寒暄等，只要合适，不让人为难，也就不是老子定义的"礼"，而是道德仁义了。也可以这样理解，老子定义的礼和孔子或现代定义的礼有所不同。现在定义的礼，只要是合适的礼，是要提倡的，而不恰当的礼才是要反对的，而不是只要是礼就反对，而老子对我们现在所说的合适的礼，不将其定义为礼。所以，在实质上，现代价值观和老子的价值观是一致的，关于礼的问题，老子和孔子的思想观点也没有冲突，只是表述方式不同。

老子对仁、义、礼并未有实质上的否定，仅是逐层看低，这有其所处时代的现实原因，彼时仁、义、礼中确实有不少繁文缛节甚至不合理、背离天道之处。随着时代的发展，仁、义、礼的内涵也在不断完善，虽未达到完美，但实质上是朝着老子2500年前就在倡导的道与德的方向发展。笔者认同《素书》"夫道、德、仁、义、礼，五者一体也"的表述方式，概念上需要"礼"形式上的存在及其好的内涵的一面，也方便人们理解社会行为和实际操作，而实际上也并不与老子实际观点相矛盾。

第 39 章　昔之得一者 / 得一而生

昔之得一者：
天得一以清，地得一以宁，
神得一以灵，谷得一以盈，
万物得一以生，侯王得一以为天下贞。
其致之也。
天无以清将恐裂，地无以宁将恐发，
神无以灵将恐歇，谷无以盈将恐竭，
万物无以生将恐灭，侯王无以贵高将恐蹶。
故贵以贱为本，高以下为基。
是以侯王自谓孤、寡、不谷。此非以贱为本邪？非乎？
故致数舆无舆，是故不欲琭琭如玉，珞珞如石。

【校订】

其致之也 / 是故不欲：按其他本增加"也""是故"两个虚词，可改善语感。

【句释】

得一：得到（生存 / 存在的）一切条件（内、外因 / 因缘）。
无以：没有得到……的条件。

孤、寡、不谷：古代君王自我谦称（孤寡不谷也是基本真实的），也用来警醒自己，以免真成为孤家寡人和不结果实。

致数舆无舆：把一堆车厢弄到一起也无法组构成一辆能用的车（必须还要有车轮、车辕等）。

璆（lù）璆如玉，珞（luò）珞如石：华贵的美玉，粗陋的顽石。

【主旨】得一而生

【精译】

自古以来得因缘合和的，是这个样子的：天空得因缘而清朗，大地得因缘而安稳，神得因缘而灵光，河谷得因缘而流水，万物得因缘而生长，侯王得因缘而天下归正。这就是因缘合和所致。天空若不得其清朗的因缘，将恐怕要裂开（风雨雷电）；大地若不得其安稳因缘，将恐怕要弄事（地震）；神若不得其灵光因缘，将恐怕要消失（没人信拜）；河谷若不得其流水因缘，将恐怕要干涸；万物若不得其生长因缘，将恐怕要灭绝；侯王若不得其高贵的因缘，将恐怕要翻倒。所以，贵是以贱为根基的，高是以低为基础的。所以王侯会自称孤、寡、不谷。这不正是以贱为根基吗？难道不是吗？所以，把一堆车厢弄到一起也组构不成一辆能用的车。所以，不要执念于世界上会只有华贵的美玉，或只有粗陋的顽石。

【导读】

本章谈事物的生存或存在条件，需要因缘合和，即要有一定的内因、外因条件，事物才有生存之本。"得一"就是得因缘合和，就是"得一整套"合适（合和）的因缘，就是事物处于某种对立

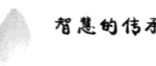

统一状态，就是事物内外部各种矛盾处于某种和谐平衡状态。

  天晴的条件具备了，天就晴了；没具备，就不会晴，那就可能是阴雨天或下雪天了。老子本章还提及了神，从论述看也是把神当作万物中可以单列的一种，有点特殊，似一种"王"来看待，且不是无所不能，也是道所创造和受道的限制。

  本章解译特别之处及需读者留意的是，"得一"的解释，还有经文最后一整句的解译。

第 40 章　反者道之动／天道之德

反者道之动，弱者道之用。
天下万物生于有，有生于无。

【主旨】天道之德

【精译】

相反因素的组合，是道驱动万物之动力的所在；柔弱，是道驱动万物之动力的通常效用。天下万物生于"有"，"有"生于"无"。（"有"也会变成"无"，在道的作用下，无限循环。）

【导读】

本章老子讲天道的内在特点，即天道之德，一是阐述其"反与弱"的规律，二是以溯源方式阐述其生成万物的基本路径。先来看看后者：对于"天下万物生于有"，基于第 1 章对有的定义，"有，名万物之母"，这是一致的，很好理解，没有问题。对于"有生于无"，第 1 章讲"无，名天地之始；有，名万物之母"，"无"的优先性毋庸置疑；虽然第 1 章后面有一句"此两者同出而异名"，所指是"有"与"无"概念同出并同出一源，但并没有强调实际出生上的先后。"无"定义为万物的开端，比"有"在先，依此还可以推断老子所定义的理论上最小的"有"所占"空间"，就是理论上最小的"无"。这个"无"的"最小空间"是万物的开端，当道的驱动让"有"占了这个"最小空间"，算是生出了最小的"有"。因此，本章论点"有生于无"符合逻辑，没有和其他论述矛盾。

本章将天道的作用特点用"反"与"弱"两个字做了精简表述。"反"，一是表明事物中存在大量相"反"相成的因素，二是这些因素相互作用，使事物变化起来会呈现"反"的特点，呈现既波动发展，又会到了极端返回的特点，即物极必反，参见第25章讲的"周行而不殆""远曰反"。而"弱"，一是指同一事物在时间维度上看上去变化缓慢，而巨变、突变不是常态；二是指事物的各种特性的差别度可以到极小极小，如尺寸、颜色、重量、软硬等，这是变化缓慢的基础。反与弱，这应是老子从一般的事物在通常情况下，循环及缓慢变化的现象中归纳的，如日月星辰的运行变化、春夏秋冬的轮回、动植物的生长、器物变旧报废、社会组织的变化过程等。

"反"与"弱"与第4章四大天道"挫其锐，解其纷，和其光，同其尘"异曲同工，后者侧重外在具象角度，而前者侧重内在抽象角度。拿石块变泥土，泥土再变石块为例，就能说明道的作用的外在和内在两种表述。江河可以把石块变成鹅卵石，而另一部分变成泥沙，大块变小块或成粉末，而且过程漫长，这就是"反和弱"的表现，同时展现的是挫其锐、解其纷、和其光的作用。磨得碎的那部分，大小合适的变成沙子聚在一起，有的再细变成泥土了也聚在一起，这是同其尘；一些泥土长时间在特定自然条件下后，会有一部分再变成其他特性的物质，如石块等，这也是同其尘，即"反和弱"的过程。

反与弱的规律，还有一个很深刻的科学例子，就是元素的核聚变和裂变。越轻的元素，就越容易聚变，释放能量也越多，铁之后的元素越重就要吸收更多能量才能聚变。而越重的元素，就越容易裂变，释放能量也越多，而轻过铁的元素越轻就需要吸收更多能量才能裂变。铁处于中间位置，是聚变或裂变的能量吸收还是释放的临界点，其原子核相对是比较稳定的，所以也是宇宙中最多的几个元素之一。老子当年不会知道具体的核聚变、裂变这回事，但他从大量事物变化的观察中领悟的这个"反与弱"规律，却着实是广泛有效的。

社会、组织、个人的变化也一样，所谓三十年河东，三十年河西；分久必合，合久必分；眼看他起高楼，眼看他宴宾客，眼看他楼塌了……这些都是道的外在"四大天道"的表现，也是内在"反与弱"的表现，也体现了有与无的转化。

"反者道之动"与现代哲学所论的"矛盾是事物发展的动力"原理是异曲同工；而"弱者道之用"与现代哲学讲的"量变规律"也几乎一致。

第41章 上士闻道／闻道勤行

上士闻道，勤而行之；

中士闻道，若存若亡；

下士闻道，大笑之。不笑不足以为道。

故建言有之：

明道若昧，进道若退，夷道若颣；

上德若谷，大白若辱，广德若不足，

建德若偷，至贞若渝；

大方无隅，大器免成，大音希声，大象无形。

道隐无名。夫唯道，善贷且成。

【校订】

至贞若渝：基于郭店楚简本。

大器免成："免"字取自帛书本；其他多本的"晚"字，意思尚可；还有"曼"字，当"无"之义，符合老子思想，但显生涩。综合起来，用"免"字好，既符合老子思想，意思也一目了然，虽有专家解释说当年"免"字当"晚"字，当此义也不错。

【句释】

颣（lèi）：瑕疵，有疙瘩，不平坦。

第41章　上士闻道/闻道勤行

【主旨】闻道勤行

闻道而必勤勉遵行，修道不辍，直至得道。

【精译】

境界高的人听了道之后，勤勉地遵行。一般境界的人听了道之后，仍是似懂非懂、若有若无的样子。境界差的人听了道之后，大声哄笑。若不被这种人哄笑，那还叫道吗？所以老话有说：光明的道却若暗昧，前进的道却似后退，平坦的道却像有坎坷；上德好像幽谷低下，极致的白色（至善的言行）好像有脏污（差错），广德（壮大事物之德）好像节俭抠门，建德（成大成尊长之德）好像总是不知不觉中成长的，品质坚贞却若变节；至大的空间没有角落（内其身而身先），至大的器物无须成形（大成若缺，其用不弊），宏大的声音却听不到什么（不言之教），广大的形象却看不到什么（天地不自生且不可见，圣人为天下浑其心），得道是隐秘的且没有名位也说不清的（复归于朴）。只有得道（者），才能善于给予又能成全。

【导读】

本章描述一个人从闻道，到勤行修道，再到得道的过程。描述了修道人自身感受和他人的感受及一路修炼的科目和里程碑。

在描述闻道者的不同反应之后，对闻道勤行的上士做了描述。先描述了三种道，既是说道的不易分辨领悟的样子，又是在说修道者初期的感受；之后描述了修道者要修的几个重要的德的样子；然后描述了修得极致状态的样子；最后对得道者做了直接描述——道隐无名，善贷且成。

老子所提深远之玄德、创生之孔德、体魄之含德、节俭之广德、大成之建德、无身之无我之德、不言之教、无为、无事、玄同、无私、不争、慈、柔弱、清静等，修道者要力求修得、证得，才便于得道。

本章解译特别之处及需读者留意的是，本章论述的是如何从闻道到得道的过程，最后两个"道"字，指"得道"或"得道者"。

第 42 章　道生一／强梁之危

道生一，一生二，二生三，三生万物。
万物负阴而抱阳，冲气以为和。
人之所恶，唯孤、寡、不谷，而王公以为称。
故物或损之而益，或益之而损。
人之所教，我亦教之：强梁者不得其死。
吾将以为教父。

【句释】

冲气：气相互作用。气，精微物质或能量或功能。此处"气"包括事物内部阴阳二气和外气。

【主旨】强梁之危

重压负担下的大梁，有折断危险。比喻人在逞强或担负不起的情况有危险。

【精译】

道生一，即"有"；"有"生二，即"阴有""阳有"；"阴有""阳有"的不同数量的组合，可生很多种三（尘），多种的三（尘）可单独或多种合和，生得万物。万物都基于阴和含有阳，由内部阴阳二气加之外气相互调和而成。人们所厌恶的，不就是孤、寡、不谷吗？王公却用这些字眼儿自称。所以，事物有的是减损而后获益，有的是增益而后得害。别人所教我的，我也用来教导大家："逞强者没有好下场。"我将这句作为教导的最高宗旨之一。

【导读】

首先来分析下"道生一……三生万物"，根据本章及第1、4、14、25、40章等，笔者在试图解译一、二、三到底是什么的过程中，推测出老子的物质世界的微观创生模型应如图1：

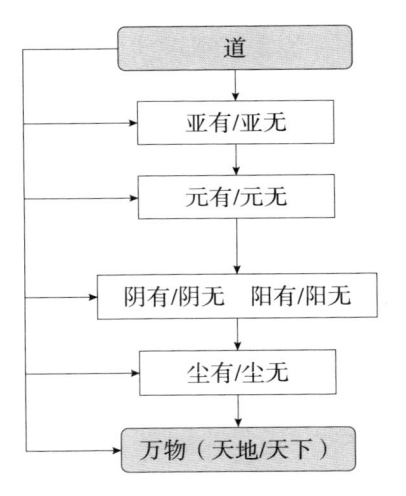

```
        ┌──→ 道
        │     ↓
        ├──→ 亚有/亚无
        │     ↓
        ├──→ 元有/元无
        │     ↓
        ├──→ 阴有/阴无　阳有/阳无
        │     ↓
        ├──→ 尘有/尘无
        │     ↓
        └──→ 万物（天地/天下）
```

图1　万物的微观创生模型

图1中，"元有/元无"就是老子第1章定义的"有"与"无"（元有：第一层物质共1类n个）。比"元有/元无"还细微的定义为"亚有/亚无"，就是玄之又玄的部分，可参见第1章的导读。从"元有/元无"向宏观物质世界的第一步，是若干"元有"与若干"元无"按两种不同数量的组合变成"阴有"与"阳有"两

类物质（阴有/阳有：第二层物质共 2 类 2m 个）。老子应会推定微观也有阴阳，可参见第 21 章："自古及今，其名不去，以阅众甫。吾何以知众甫之状哉？以此。"创生之孔德就是老子观察自生物之生生之道所总结，另外本章有讲"万物负阴而抱阳"，因此，老子应会推定微观也有阴阳。然后再向下一步，若干"阴有"与若干"阳有"不同数量的组合变为多种的"尘有"（尘有：第三层物质共 p 类 q 个），"尘有"就是尘，依据老子"同其尘"之论点，尘就接近实物世界了，就由尘生成万物（万物：第四层物质共 N 类 M 个），即天地/天下。天地为万物的分类抽象体，是与万物同时诞生存在的。

老子应不只从微观推演世界演变，也应会从哲学及宏观等方面做推演，笔者也揣摩了一下，将其同现代科学对物质世界的生成与构成观点一同列在表 2 中做对照。

表 2

老子宇宙观（部分为推理/推测）与现代科学宇宙物质观				
老子经文	老子宇宙哲学观	老子宇宙宏观	老子宇宙微观	现代科学宇宙观
先天地生	道	道	道	宇宙规律
玄之又玄	混沌	混沌	亚有	大爆炸
道生一	阴阳一体（太极）	天地一体（天）	元有（有）	基本粒子
一生二	阴、阳	天、地	阴有、阳有	原子
二生三/解其纷	气	气/尘	尘有/尘	分子
三生万物/同其尘	万物	万物（实有）	万物（有/实有）	物质

以上仅为笔者根据第 1、4、14、25、40、42 章等，对道生万物及其过程的几个方面按老子的思路进行的推测，仅供理解经文参考。

本章还阐述了宏观万物的内部阴、阳与外气的相互作用不断发展变化的现象和规律，因此任何事物要辩证地看、发展地看，强调了如下这几点：有些人喜欢的东西，另一些人不喜欢，如孤、寡、不谷；万物或损之而益，如精兵简政，反而可能会有益于组织；或益之而损，如吃入太多营养，反而可能不利健康；并进一步以强梁之危，得出不可逞强的本章宗旨，以此呼应老子特别提倡的柔弱之德，见第 76 章等。

"强梁者不得其死，好胜者必遇其敌。"出自《黄帝铭》六篇之一的《金人铭》，老子自述其为"人之所教"，可见老子曾研读过《金人铭》。

本章应为老子由承担重负之梁会较为危险的联想，引发对逞强者的警告，逞强则易遭损。言外还有一善意提醒，即没有金刚钻别揽瓷器活，开创事业或担当大任是要掂量掂量自己是否修炼到位了。要为学为道不辍，直至达到无为境界，做栋梁而不觉勉强方可。

本章解译特别之处及需读者留意的是，道生万物之推测性的详解及章主旨"强梁之危"。

第43章　天下之至柔/不言之教

天下之至柔，驰骋天下之至坚。
无有入无间，吾是以知无为之有益。
不言之教，无为之益，天下希及之。

【主旨】不言之教

【精译】

天下最柔弱的，能穿越天下最坚强的实体。没有实体的，能进入没有空隙的实体中，我由此便知道无为的益处。不言的教化，能体现出无为的益处，天下很少有人能做得到。

【导读】

本章应是老子由"至柔""无有"的"风"或"气"的特性，关联到"不言之教"的"无为之益"的思考。"驰骋天下之至坚""无有入无间"，应是在讲"风/气"对实体的温度传导，例如，冷热体的辐射在实体的微观穿越，中医所说的"寒气"入体等。当今发现的高能射线等，都能穿透众多实体，也可算作当代的一个实例。

老子对不言之教推崇有加，是无为而治方法论的核心之一。自古及今，人们都不喜欢听说教，更喜欢听故事，或含有哲理的故事，更喜欢从实际行为或案例中去领悟道理、原则、规则。所以，一方面要建立好制度、规则，另一方面要严格执行，而执行中榜样的力量是无穷的。因此，要做到赏罚分明，要常树立正反两个方面的典型或榜样。

生活中，人们大多不能够深入懂得不言之教，常喜欢说教别人，因此效果不好。说教之所以效果不好，是因为说教不易入心或直达潜意识，而入心、入潜意识才便于对人产生影响，这就是"无有入无间"的力量。老子《道德经》虽然是文字表达，但其中绝大部分的言辞都不是说教，而是喻理于实例中，所以才为大家所喜欢，也易于入脑、入心。所以，不言之教要正确领悟，不是什么都不说，只是案例和身教重于言教，而且案例、身教与言教都必讲究方法；同无为是一样的，要依道而行，不是什么都不做。

第44章　名与身孰亲／淡泊名利

名与身孰亲？身与货孰多？得与亡孰病？
是故甚爱必大费，多藏必厚亡。
知足不辱，知止不殆，可以长久。

【主旨】淡泊名利

【精译】

名声与生命，哪一样与你更密切呢？生命与财富，哪一样对你更重要呢？名利与生命的得与失，哪一样更有害于你呢？所以，贪爱名利过度必有大的消耗，过度积名屯利必有多的损失。有所知足，便不会遭受困境；知道该停就停，才能免除危险；才可以得享长久的事业和生命。

【导读】

本章讲个人应淡泊名利，对名利的追求要适度。无数的历史和身边的实例都说明了这一点。第9章讲"金玉满堂，莫之能守"，第42章讲"或益之而损"，都是本章内容的佐证。国家、组织的领导人更应特别注意，否则危及自身的同时完全可能累及国家、组织。

"得与亡孰病"，有解为"得到与失去，哪一个算是更有害呢？"单句此解很有哲学意味，有其特有价值，但比较宽泛，于此章主旨与内容则不够直接贴合。

第 45 章　大成若缺／瑕不掩瑜

大成若缺，其用不弊。大盈若冲，其用不穷。
大直若屈，大巧若拙，大辩若讷。
躁胜寒，静胜热，清静可以为天下正。

【校订】
清静可以为天下正：按帛书本，增加"可以"二字，更贴合主旨。

【句释】
冲：似源头活水流淌。

【主旨】瑕不掩瑜
察用人／物，应把握主流、重点、大局，不为其并无大碍的瑕疵，而放弃不用或求全责备。

【精译】
那功能强大的，好像有所欠缺，但用起来并没有妨碍。那丰盈四溢的，好像只是细细源流，然而用之无穷。很正直的好像绕弯，很巧妙的好像愚拙，很善辩的好像口讷。虽然，躁动能御寒（而清闲不行），安静能降温（有时是缺点），但是清闲、安静却可以让天下归正。

【导读】

这章突出老子辩证法思想的瑕不掩瑜观,即要抓住事物的主要方面;当然反过来也在提醒,要注意瑜不掩瑕和平平庸庸。辨别人才,识别系统,观察、使用万物和人才,都需要这一辩证方法。另外,本章每一句各自还蕴含了难得的人生智慧,需要去体悟和修炼,但相对好理解,这里不多说。

本章解译特别之处及需读者留意的是,章主旨"瑕不掩瑜"及其与章内容的关联关系。

第46章　天下有道／祸起争霸

天下有道，却走马以粪。天下无道，戎马生于郊。罪莫大于可欲，祸莫大于不知足，咎莫大于欲得。故知足之足，常足矣。

【校订】
罪莫大于可欲：按帛书本增加本句。

【主旨】祸起争霸

【精译】
天下有道太平的时候，战马可用来耕种农田。天下无道不太平的时候，战马生息也要生于郊野。没有什么罪恶比引起欲望更大，没有什么祸害比不知足更大，没有什么罪过比贪婪无度更大。所以，要以知足为满足，而这种满足才是持久的。

【导读】
这章反映老子反争霸思想，老子认为君主争霸是当时最大的祸害，同时指出了一切祸端起于引发欲望、不知足和贪婪，要有知足之心。当今从全世界范围来看，也是一样，争霸祸害人民福祉。现代商战争霸，也要引起足够重视，要妥善处理，以免带来灾祸。

第47章　不出户知天下／成圣之路

不出户，知天下；
不窥牖，见天道。
其出弥远，其知弥少。
是以圣人不行而知，不见而名，不为而成。

【句释】

其出弥远，其知弥少：求道之人思想行得越遥远，他就自觉知道得相对少，他真正的知音也越少，即能懂他的人也越少（因他比常人洞察事物更多、更深）。

【主旨】成圣之路

【精译】

（力求）不出屋门，便可知天下事物；（力求）不望窗外，便可明白天道。思想行得越遥远，就会觉得自己知道得相对越少（就要不停地为学为道，以至于比常人洞察的事物更多、更深）。这样圣人就终会做到，不必亲身经历便知道，不必亲身看见就明白，不必亲身而为就能成大事。

【导读】

不出户，知天下：一个求道者，不出户就可以从书本上和别人那里学到和知道很多；一个高明的最高管理者，若头脑清醒，在朝堂中就可以通过大臣、幕僚等了解清楚天下事；而在当代更是已然一网知天下。

不窥牖，见天道：本义应为不打开窗户向外看，就知道天气和时辰。老子时代的窗户应是采用纺织品，透明度不够高，但仍可透过一定的光亮和声音，一般人就可以通过窥牖及不窥牖的反复观察对比，终将能不窥牖而知道户外天气和时辰。老子以此喻求道之人爱思考并有领悟能力，会通过观察、对比和思考，以一定的信息推知更多信息。世界是普遍联系的，宇宙有全息性，在一定程度上，通过观察周围和对比观察，也就能基本了解世界及其规律。

其出弥远，其知弥少：大家一般都会有这个感觉，就是一个领域初看并不觉得有多深奥，一旦深入进去，才发现自己所知甚少，求道者就会愈加被激发出求知欲，而不断地进步，其真正的知音或同伴也会变少。笔者学习、参悟老子《道德经》的过程也有类似感觉，开始大致看看书或是网上资料就觉得懂得够多了，但在看到某些专家甚至民间爱好者写得引经据典，写得很丰富时，就感觉自己知道得很少了，从而继续努力研学，而后就能有所进步，乃至个别方面也会有同道者较少的感觉。华为5G技术一路前行，研究领域就踏进了少人区乃至无人区，也是其不断求道的过程和结果。求道者经过不断为学为道，终将百炼成圣：不亲行而知天下，不亲见而明天道，不亲为而成大业。

本章解译特别之处及需读者留意的是，"其出弥远，其知弥少"的解释。

第 48 章　为学日益/道学相长

为学日益，为道日损。
损之又损，以至于无为，无为而无不为。
取天下常以无事，及其有事，不足以取天下。

【句释】
无为：无为就是依道而为，无人为，不妄为。为学为道，道学相长做到极致，就可以做到合道而轻松自如思考和处理事务，把人为、刻意而为的部分完全修掉。无为是人的完美行为，是完美的人的行为，与"从心所欲而不逾矩"相近似，是对道有全然把握之后的行为。

无事：简单地讲就是按道行事。具体地讲就是，不没事找事，不干不必要的事，把要干的事儿优化变简单或减掉，或交给系统去干，同时优化系统。

【主旨】道学相长
为学与为道，相辅相成，以得道为目标。

【精译】
"为学"不断增长知识、方法、技能，"为道"则领悟所学精髓于心，减少"贪嗔痴"。"贪嗔痴"越来越少，到一定程度就可以达到无为的境界（做到对道的全然把握）。达到了无为的境界，就没有什么事情处理不好。为政天下，不要没事找事，要常把事儿变少或变没，总是有忙不完的事儿，搞不定天下。

【导读】

　　为学与为道，相辅相成，以得道为目标。最简单的例子就是学自行车和游泳，前期不断重复学一些姿势、技巧等（为学），从中不断领悟其中的要点精髓（为道），最后学会之后则极其简单，无须人为、刻意而为，近于"无为"（得道），就是达到对这个技能有关的道的全然把握，即有了全然把握这个技能的心理状态或表征。涉及人生大事，为学为道则复杂很多，这时就要通过不断学习、修炼，使自己德才各个方面提升，减损不良嗜好、不良欲望、不良习惯，熟练必要的技能并使之所需各种消耗、人为、刻意而为与日减少，直至达到按道而行的无为境界。为道是领悟所学精髓，入脑也入心，将其条理化、系统化、敏捷化，从而减少思考和做事的消耗，构建和打磨出强大的身体、思维、情感的运作体系的过程。道学相长的过程包括内化使命和愿景（第 7 章内圣外王），塑造正确有效的价值观与信念系统（如道法自然、见素抱朴、少私寡欲、尊道贵德、无为不争等理念），以及掌握和磨炼相关核心方法论和能力（第 3 章"治国大道"、第 54 章"观物知人"、第 68 章"知人善任"、第 69 章"用兵之道"等），从而构建出符合大道的个人核心德才系统，达到对道的全然把握。

　　无事的功夫，就是要设计好运作体系，并建设好该体系和发挥好该体系的作用，领导人不该一个人亲自扛着太多事。无事，就是尽量让系统自动运转，少参与系统运行，并优化系统使之少生出事来。而这些功夫也是需要明其道，才能完成好的，经文很多章都在论述这些道，如第32、51、63、64、73、74章（各行其道、事业法门、战略管理、执行管理、天网恢恢、法治天下）等。现代国家体系的建设方法论仍在不断发展中，而现代企业体系建设方法论相对有比较成熟的方案。

修道还有一个重要的能力要提高，就是"悟"的能力，这个能力人人皆有，但因为大家注重学习知识，不够重视了，以致反而弱化了。如同人工智能软件，一开始都是把软件搞得特复杂，给机器很多"知识"和"算法"，但效能比较差。后来算法简化，"喂"大量"数据"给它，让机器自己学习，反而效能更佳。人是一样的，也有"简单"的"悟"的能力，只要给数据，谁都能悟出东西来，否则，反而被所谓"知识障"限制。

修道方法，结合现代人体脑科学，也有相对比较快捷的方法。就是可用好"三脑模型"方法。人脑根据功能，可分为三脑：理性脑、动物脑、情绪脑。理性脑好比是人体的总经理，其他两个脑算是两位副总，但两位副总常常架空总经理，因为两位副总能力很大但比较短视，除了保障人体基本运行和安全以外，贪图轻松愉快，常处于自动反应模式。

因此，修道就是让自己的理性脑更新软件，然后让这位总经理去培训、管理、协调好两位副总，改变他们的自动反应模式的具体逻辑或内容。比如，第13章讲宠辱若惊要变为宠辱不惊，用这个三脑模型怎么做？首先通过第13章及相关内容的学习，理性认可宠辱不惊是自己应该做到的，越深刻越好，然后，就培训协调两位副总：当"心惊"之时，就不要像以往一样当个大事很痛苦，而是停下来想一想自己为何"心惊"，把前面学习领悟的理念再想一想，这样情绪脑副总就趋于平复，然后就有精力该干什么就干什么，经过几次之后就修得宠辱不惊了。其他理念也同样可以由总经理学会后培训及协调两位副总，修道的一大部分内容就是给自己注入好的理念，三脑协同熟练的过程，这样修道效率就比较高。大家可参考现代认知科学相关书籍。为学方面可参见第20章绝学无忧的导读。

本章解译特别之处及需读者留意的是，"道学相长"的章主旨及"为学、为道、无为、无事"的解释。

第 49 章 圣人常无心／德行天下

圣人常无心，以百姓心为心。
善者，吾善之；不善者，吾亦善之；德善。
信者，吾信之；不信者，吾亦信之；德信。
圣人在天下，歙歙焉，为天下浑其心，
百姓皆注其耳目，圣人皆孩之。

【校订】
圣人常无心：采用帛书本。
歙歙焉：按帛书本加焉字，语感更佳。

【句释】
德善：使善为德，并广为传播。
德信：使信为德，并广为传播。
歙（xī）歙焉：收放自如的样子。
浑其心：播撒心思、操心。

【主旨】德行天下

【精译】
圣人从来没有私心，而是与百姓们心心相通。良善的人，我以良善待他；不良善的人，我也要以良善待他，从而让良善成为天下崇尚的美德。诚信的人，我以诚信待他；不诚信的人，我也要以诚信待他，从而让诚信成为天下崇尚的美德。圣人行于天下，收放自如，操心于天下的大事小情。百姓们都会专注视听，圣人则把他们当作自己的孩子。

【导读】

对善者和不善者，圣人虽然都是以善对待，但方法是不同的。对善者，善待之，自不必多说。假如一个人（但还算不上敌人）来挑衅，所谓来者不善，圣人则以其智慧，晓之以理，动之以情，算是善待之，会将其挑衅化解，并使之变善。一般人也都能学习这个方法来善待不善者。对不信者，也一样可以用智慧妥善解决。德善、德信，也可以算是报怨以德的一个具体缩影。

第27章也给出了圣人常善救人的结论，故圣人完全有能力用善和信的方法，使不善者善，不信者信，从而德善、德信。圣人常善救人的另一具体方法参见第62章（万用至宝）。根据对象的不同和问题性质程度的不同当采取不同的应对方法，对于一些对象的一般情况，都无须用激烈对抗或打压的方法来对待不善和不信，而超过了对象范围和问题性质限度，比如说是对敌人或违法者，自然另有方法，见第36、37、74章（谋略之道、守道之道、法治天下）等。

圣人以百姓心为心，以自己的智慧，不战而善胜，使美德行于天下，并以"为天下浑其心"的无我之德、以身表率而平天下。这章后半部分可以说是第13章（无我之德）的接续展开的论述。

本章解译特别之处及需读者留意的是，章主旨"德行天下"及其与章内容的关联关系，还有"吾亦善之""吾亦信之""歙歙焉""为天下浑其心"的解译和导读。大家可以用中国历代杰出君王和领袖的执政风范，去对照本章精译的内容，应能感受到他们的匹配度很高。

第50章　出生入死／化解双劫

出生入死。生之徒，十有三；死之徒，十有三；人之生，动之于死地，亦十有三。
夫何故？以其生生之厚。
盖闻善摄生者，路行不遇兕虎，入军不被甲兵。
兕无所投其角，虎无所措其爪，兵无所容其刃。
夫何故？以其无死地。

【句释】
兕（sì）：古时指一种犀牛。
厚：（障碍）且大且多且难越过。
无死地：无死穴。

【主旨】化解双劫
不去死地，不留死穴。

【精译】
　　人一生出来，就会奔向死亡。易于生存之类的人，十分之三；易于死亡之类的人，十分之三；原本活得挺好，挪动到易于死亡之途的人，亦十分之三。为什么会这样？因为世人生存（必须逾越的障碍）且大且多且难越过。听说善于生存的人，行路不会遭遇到犀牛和老虎的侵害，打仗不会受到武器的伤害。犀牛没法用角顶到他，猛虎没法用爪扑到他，敌兵挥刀没法砍到他。为什么会这样？因为他没有死穴啊！

【导读】

一个人，生，不容易；活，也不容易；生活更加不容易。不去死地，不留死穴，是求生之德的关键要点之一。老子并以此喻家、国、天下，或任何组织或系统，其都要警惕和化解双劫，不去死地，不留死穴。任何生机系统均可能选择行错路线，或存在致命的弱点或脆弱点，故当要化解双劫。

所谓"路行不遇兕虎，入军不被甲兵"，要理解其真正原理，一是做到尽量当心，不去危险之地；二是练好功夫，做好防护等。而不是真的"兕无所投其角，虎无所用其爪，兵无所容其刃"，这是表象而已。之所以不受伤害，就是主动警惕和化解双劫的结果，既不轻举妄动，又做足应对功夫，也就消除或减少了受害的概率。

本章解译特别之处及需读者留意的是，章主旨"化解双劫"及其与章内容的关联关系，还有"生生之厚""以其无死地"的解释。

第51章　道生之／事业法门

道生之，德畜之，物形之，气成之。
是以万物莫不尊道而贵德。
道之尊，德之贵，夫莫之命而常自然。
故道生之，德畜之；长之育之，亭之毒之，盖之覆之；
生而不有，为而不恃，长而不宰；是谓玄德。

【校订】

气成之：选自网络本，有待进一步文字考据，笔者认为"气"应为正。参见第42章"万物负阴而抱阳，冲气以为和"，老子明确认为"气"为万物生存的条件之一。而"气"也容易被误为其他本"器"（与气同音）或"势"（气势之势）。

盖之覆之：根据傅奕本、范应元本，王本"养"形近"盖"，此处"盖"更合适。

【句释】

气成之：能量或精微的作用使其成长或长成。气，是指最小的精微物质或能量，或可指代某些功能。

【主旨】事业法门

第51章 道生之/事业法门

【精译】

万物都是因合道而得以生存，万物以其德而得以被滋养，而后得物而具有形体，得气和（内外能量和精微物质相互调和）而长成。所以万物没有不尊于道、贵于德的。道之尊位，德之贵位，不是因为它被任命了名位而得，而是自然而然的。所以说，道使万物生存，其德使其被滋养；道德使万物成长发育，给它们修形、提质，对它们关爱、保护；生养万物但不居功占有，有所作为但不任性刻意，作为尊长但不强迫霸道；这是深远的大德。

【导读】

本章论述万物长成之道，也同时以此喻事业的经营之道、成功之道，即事业法门，适用于无论是大至国家，还是小至公司、小店、作坊等。事物成长，事业发展，需要全程合道（道生之），内修其德（德畜之），外修其形（物形之），还得有能量和精微物质在其内部调和（气成之）。同时还要培育、管控、保护，即长之育之，亭之毒之，盖之覆之等。

王弼说："道者，物之所由也；德者，物之所得也。由之乃得。"就是说合道乃德、合道乃得。所以，一个人想要事业成功，就要让"自己的德"去合"事业成功之道"。作为事业创生和经营者，在这个事业中，有双重身份，一是作为其中一分子，得按道而行，要具备一般的德；二是有"道"的成分，你是这个事业的"王"，第25章讲"王亦大"，就必须配以玄德，即"生之畜之，生而不有，为而不恃，长而不宰"，才得以让事业生生不息。

比如，你开个店，须满足很多条件，特别是产品服务及品质要合乎大众需求，才能生存（道生之），你能分析领悟到并能做到前面的条件越多、越好就越能发展（德畜之），这个店总要有个实际店面（即便是网店）和员工等载体（物形之），先期投入和后期收入的部分持续投入以及内部运转正常使你的店存活及成长（气成之）。平时还得一直做些管控，即"长之育之，亭之毒之，盖之覆之"。这个店的命运，和店主（这个事业的王）的德行息息相关，如备玄德，则大有希望。

  再补充说说"气成之"。气、阴阳、五行，是中国非常传统的概念和智慧或哲学。气、阴阳、五行，也是中医学的三大基础概念。气是指最小的精微物质或能量，或可指代某些功能。早在老子所处时代之前已有这些概念、学说流传，老子应非常清楚。

  本章解译特别之处及需读者留意的是，经文校订句"气成之"及其解释，还有章主旨"事业法门"和章内容的关联关系。

第52章 天下有始／明心见性

天下有始，以为天下母。既得其母，以知其子；
既知其子，复守其母；没身不殆。
塞其兑，闭其门，终身不勤。
开其兑，济其事，终身不救。
见小曰明，守柔曰强。
用其光，复归其明，无遗身殃。是为袭常。

【校订】
袭常：傅本等为"袭"字，义更贴合。

【句释】
勤：劳苦愁烦。
救：觉醒。
袭常：深藏的道理，深藏的大道。

【主旨】明心见性
与自己人生有关的大事小情均能清晰明了，也尽在掌控之中。

【精译】
天下万物都有其前一个状态作为开始而来，那开始的状态就是他的生母（根源）。若得知了生母，就要知晓她的儿子（结果）。若知晓了儿子（结果），反过来也要得知他的生母（根源）。（如此，就可知道世界万物的因果始终），这样就能终身安然无恙。常常闭上嘴不说话，关闭对外感官门户，（多去自我觉知反思）就终生不会劳苦愁烦。常常没完没了地说，关注着外界，总是忙着事务，（而不去花多点时间努力于自我觉知反思）便终生不能得以觉醒。能看清精微才叫明白，能持守柔顺才叫强大。藉著万物众生的展现，反过来把他们把握明白，就不会给自身带来祸殃了。这是深藏的大道。

【导读】

本章前、中、后三部分讲三个主题，可以说比较贴合武林中人讲的三个境界：见天地、见自己、见众生。第一主题是讲，要把世界来龙去脉看清楚，就是把世界万物发展变化的因果始终看清楚，这叫"见天地"；第二主题是讲，自己要内观，把自己看清楚，修炼到家，与自己和谐相处，这叫"见自己"；第三主题是讲，看清万物众生的特性并与之和谐相处，这叫"见众生"。如此了解、把握了世界、自己、万物众生的根本并与之和谐相处，那就会把与自己人生有关的大事小情均能清晰明了，也尽在掌控之中，这就是达到了明心见性，自然就无遗身殃了。

"见小曰明，守柔曰强。用其光，复归其明，无遗身殃"的解译和逻辑是这样的：看懂了细致入微的东西，才算是真的明白了，（既然明白了就理当顺着做，不逞强胡来），就是要守住柔顺，也就能强大。要靠万物众生本身的展现，（发现他们细致入微的东西），真正弄明白他们，（就可以顺着做而不逞强胡来），也就自然不会遭殃。

本章解译特别之处及需读者留意的是，章主旨"明心见性"和章内容的关联关系，还有"终身不救""用其光，复归其明"的解译。还要注意本章前两句论述的"母子关系"，不应简单地作"道生万物"来理解，否则就失掉了其真正的目的和价值。

第53章　使我介然有知/行于大道

使我介然有知，行于大道，唯施是畏。

大道甚夷，而民好径。

朝甚除，田甚芜，仓甚虚；

服文采，带利剑，厌饮食，财货有余。

是为盗夸，非道也哉！

【句释】

介然：介意/留意/留心，即放在心上。

而民好径：而多数人都喜欢走捷径、小道。"民"可解为多数人。

朝甚除：朝政非常多变且多事，即朝政非常败坏。

【主旨】行于大道

【精译】

我要让自己了然于心的是，要选择行于大道，唯恐施行的时候偏失。大道非常平坦好走，而多数人却好走所谓捷径（后面特指一些为政者不走大道走歪道，将会因此给社会带来灾祸）。朝政非常败坏，田地非常荒芜，粮仓非常空虚；却穿着华美的服饰，佩戴名贵的宝剑，吃腻佳肴美味，还囤积了一堆财宝和难得之货。

这明明就是人间强盗头，背离大道啊！

【导读】

本章提醒人们应选择行于大道，不走所谓捷径、小道，因捷径往往实际为败道，要非常小心，要放在心上。本章老子以生动实例阐明了当年的一些为政者大道不走，却走歪道带来的恶果。

在日常工作生活中，人们也知道该选择大道，但往往没放在心上，实际操作时，会时不时选择小道。比如，明明知道应该要锻炼身体，少刷手机，可就是喜欢待着不动，手机看得没节制；明明知道要通过不断学习提高自己的德能和依法合规来发展自己的事业，可还是喜欢时不时搞搞鬼或打打擦边球，这些都是得不偿失的。

第 54 章　善建者不拔／观物知人

善建者不拔，善抱者不脱，子孙以祭祀不辍。
修之于身，其德乃真；修之于家，其德乃余；
修之于乡，其德乃长；修之于国，其德乃丰；
修之于天下，其德乃普。
故以身观身，以家观家，以乡观乡，
以国观国，以天下观天下。
吾何以知天下然哉？以此。

【主旨】观物知人

可以从一个人的行为的直接密切关联"物"中看出一个人的"德"，即现代通常所说的"德才"。"物"指代与此人行为结果关联的所有人、事、物等一切存在。

【精译】

善于建造的人，其建的建筑物不易倒塌；善于抱持的人，其抱持的东西不易失落；（受尊敬的先人），其子孙会不停息地祭祀。一个人修为于自身（以至管好自身），他的德必真实无伪；一个人修为于家（以至管好家），他的德必充实有余；一个人修为于乡（以至管好乡），他的德必深远流长；一个人修为于国（以至管好国），他的德必丰满兴盛；一个人修为于天下（以至管好天下），

第54章 善建者不拔 / 观物知人

他的德必普照于世。所以，观其身状况（其言行及其成果），则知其修身之德；观其家状况，则知其治家之德；观其乡状况，则知其治乡之德；观其国状况，则知其治国之德；观天下状况，则知其平天下之德。我从何知晓天下是什么样子呢？就是按这个道理。

【导读】

本章老子先以三个独立案例开始，说明一个高人之所以被人们称为高人，是可以通过其行为带来的结果观察到和体现出来的。接着就论述说，一个人在一个领域及越大的领域努力修为，如果获得好的结果，德才自然会提高。继而论述，通过观察他在这个领域的实际结果，即可见其德才水平。精译中论述已很清晰，不多展开，注意精译中"德"，是指"德才"。这章老子提出了锻炼人、考察人的方法论。

本章解译特别之处及需读者留意的是，章主旨"观物知人"和章内容的关联关系，以及章内容前、中、后三部分的逻辑关系，还要注意《道德经》语境下，"德"常常是指"德才"，甚至是指"德、智、体"等。

第55章　含德之厚／含德之厚

含德之厚，比于赤子。

蜂虿虺蛇不螫，攫鸟猛兽不搏。骨弱筋柔而握固。

未知牝牡之合而朘作，精之至也。

终日号而不嗄，和之至也。

知和曰常，知常曰明，益生曰祥，心使气曰强。

物壮则老，谓之不道，不道早已。

【校订】

攫鸟猛兽不搏：按帛书本等。

朘作：多本为"脧作"。

【句释】

含德：容纳保持天地精华于体内的德行／体魄强健之德。

蜂虿（chài）虺（huǐ）蛇不螫（shì）：毒虫毒蛇不蜇咬。

攫（jué）鸟：爪利之鸟。

朘（zuī）作：生殖器勃起。

嗄（shà）：嗓音嘶哑。

不道：败道。

第55章 含德之厚/含德之厚

【主旨】含德之厚

体魄强健之德深厚（的特征）。

【精译】

体魄强健之德深厚的人，像是婴孩。（这种人），毒虫、毒蛇来了不会被蜇咬到，凶鸟猛兽来了不会被攻击到。看似筋骨柔弱却能把东西牢固地握住。未感受有两性之合需要，但却能朘作起来，因为精气纯足。整天喊说却不会嗓音沙哑，因为运气和谐。知晓和谐运气，也就理解了强身之道。知道了这个强身之道，就有明了身体的智慧。有益于生存的样子叫作祥和，由心而发就能调和身体之气，即叫作强健。（要尽力保持上面的状态，因为）万事万物一旦到了顶峰就开始衰败，开始衰败就是开始走败道，走败道就会提前死亡。

【导读】

本章讲体魄强健要达到的目标，要有赤子的一些特征：身、精、气、神，强健俱足。修炼身体内外功，修炼到位，而且要保持，就叫含德厚重。当今，强健体魄，早已成为我国的国家战略。

需要注意，老子本章描述的是成人（应特指男性）的强健体魄要做到的状态，而非直接描述婴孩。所以，未知牝牡之合而朘作，不可理解为婴孩的朘作，婴孩哪来朘作？而是在描述成年人的正常生理现象，比如男性"晨勃"现象，表明身体精气纯足，但此时并无"生理需要"。

"益生曰祥"大多作负面解释，其实不然。益生要祥和，祥和会益生，祥和的面容有可能化敌为友，利于自己。谁不喜欢祥和的面容呢？顺着老子拿婴孩作比喻的思路找个例子就是，曾有些婴孩被狼叼走，婴孩很可能不知危险，不觉恐惧，似初生牛犊不畏虎，甚至可能是微笑从容的，才被"收养成狼孩"，若一直哭闹的定无法活下去。"心使气曰强"也不应解释为负面，实则是"气功"之妙。

本章解译特别之处及需读者留意的是，本章描述的是成人体魄强健的状态，还有"益生曰祥，心使气曰强"的解译。

第 56 章　知者不言／玄同之贵

知者不言，言者不知。塞其兑，闭其门；
挫其锐，解其纷，和其光，同其尘；是谓玄同。
故不可得而亲，不可得而疏；
不可得而利，不可得而害；
不可得而贵，不可得而贱。
故为天下贵。

【句释】

不可得而亲／疏／利／害／贵／贱：不刻意对谁亲／疏／利／害／贵／贱，而是按道而行。

【主旨】玄同之贵

玄同是人的精神的深远处与天道连接一体，这是修炼的目标，也是难得的天人合一的境界，所以为贵。

【精译】

智者不多言，多言者还不是智者。（智者是不断内求修行，不断增进智慧。）闭上嘴，关闭感官门户；（开启内心世界的修炼模式），磨锉心中的棱角锋芒，化解心中的死结执着，调和内心的躁动虚华，聚同内心的条理能量；这样就能达到自己与天道同在的

（玄同）境界。而后，不会刻意亲近谁，不会刻意疏远谁；不会刻意利益谁，不会刻意损害谁；不会刻意尊贵谁，不会刻意贱待谁。（不会想怎么样就怎么样，自己因修得玄同而有独立、客观、准确的判断，有分辨力、分别力，无分别心，谁该得什么就得什么，而不刻意。）这样就能成为天下尊贵之人。

【导读】

本章论述了用四大天道打磨内心世界至玄同境界的方法，这是老子给出的修道的心法所在，玄同境界是处无为之事，行不言之教的内心基础。四大天道即第4章所述：挫其锐、解其纷、和其光、同其尘，本章重复引述，"其"字原泛指万物，此章则专指内心，即用天道修心。

玄同境界就是，心世界与道世界完全打通统一，人道即天道，心直接感受到道！乃至天人合一、身心合一、知行合一，有分辨力而无分别心。这个修炼得有体魄强健（第55章含德之厚）做保障，才能易入定入静，加之为学为道的积累，也才会体验到玄同的感觉。从本章和第55章及第10章可看出，老子非常懂得气功、修静的功夫。

"塞其兑，闭其门；挫其锐，解其纷，和其光，同其尘"：前两个"其"是指修道者，后面四个"其"是指修道者的"内心世界"；先关闭表达之口和感官，再用四大天道打磨内心世界。大家都知道所谓"我心即宇宙，宇宙即我心"，所以天之大道，同样可以用于内心世界。智者的玄同状态即开悟状态，开悟的人是不会刻意追求世间的亲疏、利害、贵贱，而道在心中，自然依道而为。

之所以"智者不多言"，求道者明白说什么都是很难说对的，所以少说甚至不说。佛家也有言："不可说，不可说，一说即是错。"求道者都是常开启反思模式，不断内求，以不断增进智慧为乐、为使命。

本章承接、延伸了多章的内容。第 10 章（玄德之道）给出了玄德的内涵及法则，第 41、47、48 章（闻道勤行、成圣之路、道学相长）给出了为学为道的路径，第 52 章（明心见性）给出了要达到明心见性的要求和内涵，也开了个具体方法的头（塞其兑，闭其门）。本章则承接这些章节内容给出了更具体的修德、修道之心法，即以天道修人道，至玄同，得玄德，通大道。然后就易于落实第 2 章（相对之道）所言：处无为之事，行不言之教。

本章解译特别之处及需读者留意的是，"玄同"的解释与"挫其锐，解其纷，和其光，同其尘"的再次解译。

第57章　以正治国／以正治国

以正治国，以奇用兵，以无事取天下。
吾何以知其然哉？以此：
天下多忌讳，而民弥贫；民多利器，国家滋昏；
人多伎巧，奇物滋起；法令滋彰，盗贼多有。
故圣人云：
我无为而民自化，我好静而民自正，
我无事而民自富，我无欲而民自朴。

【主旨】**以正治国**
以正道治国，即无为、好静、无事、无欲。

【精译】
治理国家要用正道，用兵打仗要出奇，治理天下要以无事。我为什么知道应该如此呢？根据我所见的情况：天下有越多禁令，百姓会越加贫穷；拥有越多的武装士兵，国家却更加昏暗；为政者太多欲念奇思，离奇古怪的东西就会却越来越多；法律命令越多、越严明，盗贼照样非常众多。所以，圣人说：我不乱作为，百姓就能自然生生不息；我乐于清静，百姓就能自然行于正道；我不乱来事，百姓就能自然奔向富裕；我减少欲望，百姓就能自然归于质朴。

第57章　以正治国/以正治国

【导读】

本章指出治国正道：无为、好静、无事、无欲。"无为、无事"的解释详见第48章的解译，"好静"参考第5、16、26章，"无欲"参考第12、29章。另外，治国之道的总体纲要参看第3章"治国大道"（常使民无知、无欲，使夫知不敢、弗为），具体的治国之道可参看第49章"德行天下"、第60章"君临天下"（以道莅天下，限"鬼人"，合"神人"）、第65章"治以玄德"（不以智治国）、第74章"法治天下"、第80章"和谐天下"。

天下多忌讳，民多利器，人多伎巧，法令滋彰，这些都是指为政者的行为，需要留意。"民多利器"，是指国家武装士兵众多，老子之言常绕弯。其他不难理解。

本章"我无事而民自富"的观点，及第5章的"清静无为"思想等，可以体现老子治国方法论中有市场经济的思想。

第58章　其政闷闷／允执厥中

其政闷闷，其民淳淳。其政察察，其民缺缺。
祸兮福之所倚，福兮祸之所伏。孰知其极？其无正也。
正复为奇，善复为妖。人之迷，其日固久。
是以圣人方而不割，廉而不刿，直而不肆，光而不耀。

【校订】
其无正也：加"也"字，多本均有，四字句读起来更顺。

【主旨】允执厥中
适中而行。

【精译】
天下政治平平常常，而百姓却能普遍淳朴、和谐；天下政治严明清楚，百姓却有太多的偷奸耍滑。灾祸是福气产生的根源，福气是灾祸藏伏的处所。这样祸福相互交替，有谁知道何时是极限呢？它是没有准定的。端正会变奇异，良善也会变为妖魔。人们处在迷惑之中，时间本来就已经很久了。因此，圣人保持方正，却不生硬；保持锐利，却不伤人；保持直率，却不肆意；保持光亮，却不刺眼。

第58章 其政闷闷/允执厥中

【导读】

允执厥中为中华十六字心传"人心惟危,道心惟微,惟精惟一,允执厥中"中的第四句,即适中而行。其政闷闷,恰是允执厥中的外在表现。不论是治国还是普通日常,应保持质朴中正,以免偏左、偏右或忽左忽右带来的问题。万事万物的矛盾都是对立转化的,适中而行,优选之策。在生活中也应避免追求所谓极致的幸福,因为会有较大代价甚至带来危害,保持平平淡淡的基调才是保持长久的幸福之道。本章名句很多,可多加领悟。

本章解译特别之处及需读者留意的是,章主旨"允执厥中"与章内容的关联关系。

第 59 章　治人事天／啬乃早服

治人事天，莫若啬。夫唯啬，是谓早服。
早服谓之重积德，重积德则无不克，
无不克则莫知其极，莫知其极，可以有国。
有国之母，可以长久。是谓深根固柢，长生久视之道。

【句释】
啬：收获谷物，引申为农业生产，也可引申为珍惜、俭啬。
早服：一大早必做的事，指首要的事。

【主旨】 啬乃早服
农业生产特别是粮食生产是国家的首要大事，为国家重要命脉。

【精译】
治理国家，众生生存，没有什么比农业粮食生产、端牢饭碗更重要的了。端牢饭碗，是最先要做的事。做好首要的事，就是积厚重大德；积了厚重大德，就无所不胜；无所不胜，就没有人知晓极限；没人知晓极限，就可以拥有国家社稷。能够拥有了治理国家的根本，就可以使国家更加长久。这就叫作根深基强、保持长久于世的大道。

第59章　治人事天 / 啬乃早服

【导读】

民以食为天。2500多年后的今天，仍不可轻视粮食问题，仍有必要以粮为纲，端牢饭碗。这章很少有人这么解译，但这应是老子于本章的第一要义。"啬"字可以引申为"珍惜、俭啬"之义，这正是传统主流解释，其义似同第67章"笃持三宝"中的"俭"字。这个解释，资料丰富，这里不多说。只说一点，当今社会，丰富多彩，确实要特别珍惜自己的精力、注意力。老子用"啬"字，而不用"粮"或"食"，也许有以上双重意味，甚至"啬"字作为农业之义，可当"要全面按部就班把事做好"之义，但老子在第63、64章（战略管理、执行管理）中已对此内容有详尽论述。笔者认为最可能的是老子在文字方面的"被褐怀玉"，"啬"应仅作"农业生产"解，但这样可以保留些神秘感而不那么直白，而有"俭""全面合理安排"之类等别的理解也没什么不好。

本章解译特别之处及需读者留意的是，章主旨"啬乃早服"及其解释。

第60章 治大国／君临天下

治大国若烹小鲜。

以道莅天下，其鬼不神。

非其鬼不神，其神不伤人。

非其神不伤人，圣人亦不伤人。

夫两不相伤，故德交归焉。

【句释】

治大国若烹小鲜：治大国与烹"小鲜"相似，两者均需把握其中之道，都是难者不会，会者不难。

其鬼不神：鬼，歪风或过往思想精神余毒的指代，还引申指当下无德有能之人，下文简称"鬼人"；神，即神气，指兴风作浪。

其神不伤人：神，正风或过往思想精神财富的指代，还引申指当下大德大能之人，下文简称"神人"。

德交：心灵默契。

【主旨】君临天下

君主统辖，达到至尊。以道莅天下，则君临天下。

第60章　治大国/君临天下

【精译】

治大国如同烹制一小盘时鲜（两者均需把握其中之道，都是难者不会，会者不难）。圣人以大道治国平天下，那里的"鬼"与"鬼人"就不会弄出多少风浪；不光"鬼"与"鬼人"不会弄出多少风浪，那里的"神"和"神人"也不会去伤害社会。不光是"神"和"神人"不会去伤害社会，圣人也根本不会去伤害社会。这样，"神""神人"和圣人就会互不相伤，他们就达到了心灵默契。

【导读】

治大国若烹小鲜：小鲜应不是普通的小鱼小虾这么简单，本句也应并非主要指要少搅扰这个意思，治国之道要点是很多的。小鲜应指一道时鲜，但又算不上一道"大菜"，应是老子爱吃的某一种或某几种时鲜鱼类，而且烹饪技术高低对口味影响比较大，要有门道。笔者对烹小鲜深有体会。笔者家乡江苏，曾几何时都以"红烧鲫鱼"（小河塘传统地产小鲫鱼）为最鲜美的家常菜之一，笔者家里人烹制得也非常鲜美，后有机会自己烹制，结果味道差很远，后经咨询家人，得3—4要点，自己再行烹制，就得几乎同样的鲜美了。故，做有点复杂的事，得要领很重要，即难者不会，会者不难。从这句看来，老子对烹调、厨艺当有所了解。本章老子以"鬼"与"神"，并隐喻"鬼人"与"神人"表达多种意思，是他形象思维丰富突出的又一例证。

以道莅天下，就可君临天下。治国之道、君王之道，经文中随处可见，重点参看第3、5、13、29、30、31、36、49、57、58、59、60、61、65、66、68、69、72、73、74、75、79、80、81章等。用兵之道则主要参见其中第30、31、36、68、69章。

以道莅天下，能镇"鬼"通"神"的同时，更重要的是，能镇"鬼人"而通"神人"。

本章解译特别之处及需读者留意的是，章主旨"君临天下"与章内容的关联关系，还有"治大国若烹小鲜""鬼""神"的解释。

第 61 章　大国者／谦下外交

大国者，下流，天下之牝。

天下之交，牝常以静胜牡，以静为下。

故大国以下小国，则取小国。

小国以下大国，则取大国。

故或下以取，或下而取。

大国不过欲兼畜人，小国不过欲入事人。

夫两者各得其所欲，大者宜为下。

【校订】

天下之交：位置按帛书本调整到后一句。义为，天下的雌雄交合。

【句释】

牝／牡：雌性／雄性。

【主旨】谦下外交

应以谦下的态度外交，特别是大国。

【精译】

大国有如在江河的下流低处，如天下的雌性之地。天下雌雄交合，雌性常常是用安静来成功吸引到雄性，安静宜为下。所以，大国用谦下对待小国，就能得到小国的拥戴。小国用谦下对待大国，就能得到大国的信任。所以说，谦下可以取得拥戴，或可以取得信任。大国不过是想要扩大圈子而拉拢一些小国，小国不过是想要屈就于某大国圈子而得到保全。这样，无论是大国还是小国，都能各自得到他们所想要的结果，而大国应更宜谦下。

【导读】

外交中谦下是一个态度，而背后应有实力或有利益吸引对方，正如经文中所讲雌雄的吸引一样。大小国各有其优势所在，如若能互补互利，就有了合作前提，然后双方再以谦下姿态，合作就易达成，而大国更宜谦下，因为对于大国来说，做到谦下更难一点。这个外交态度，始终是正道。这个外交态度，也可以用于现代公司之间的合作。

第62章　道者万物之奥／万用至宝

道者，万物之奥，善人之宝，不善人之所保。
美言可以市，尊行可以加人。人之不善，何弃之有？
故立天子，置三公，
虽有拱璧以先驷马，不如坐进此道。
古之所以贵此道者何？不曰：求以得，有罪以免邪？
故为天下贵。

【校订】
求以得：用帛书本。

【句释】
美言：夸赞（他人的）（良）言。（既是夸赞，必是夸良言。）
尊行：尊崇（他人的）（善）行。（既是尊崇，必是尊善行。）
市：产生良好氛围和势头。
加人：带动人。
拱璧以先驷马：拱持玉璧者引导在前，四马所驾之车在后，王侯坐于车中出行。这是春秋时期，王侯出行巡查执政的仪仗。
罪：痛苦烦恼。

【主旨】万用至宝

道,是人们万用的无上至宝。

【精译】

道是万物的奥妙之所在,是有德之人的宝贝,是无德之人的倚靠。夸赞他人良言可以使更多人乐于良言,尊崇他人善行可以让更多人勉力为善。一个人被当作无德之人,怎能被舍弃呢?(无德之人也会时有良言善行,给予夸赞和尊崇会更可能、更有效地使其逐步转变为有德。)同样,立位的天子,封设的三公(太师、太傅、太保),以侍者拱持玉璧开路并乘坐驷马宝车的阵势为政,还不如坐下来研修此道。以前的人们为啥这么视道为尊贵呢?不就是因为,跟他寻求(快乐)就能得著,而痛苦烦恼可以免除吗?所以道是天下最尊贵的。

【导读】

人性无非追求快乐、逃离痛苦,或者叫趋利避害。"古之所以贵此道者何?不曰:求以得,有罪以免邪?"道可以助力人们离苦得乐、趋利避害。还有比这个更有价值的吗?所以"故为天下贵"。

万用至宝的道,可以渡己渡人渡众生,第27章讲"圣人常善救人",这里当是做了一个阐释,方法是用"美言"和"尊行",即夸赞尊崇他人的良言善行,包括对不善之人,他们也可能有良善的一面或时有良善言行,择其善者加以夸赞鼓励,常常是有效的。道,还可以帮助为政者,比那些所谓派头和阵势有效。然而所有种种,不能只是知道就好,要好好地"坐进此道",要学,要修,要用,要知行合一!

本章解译特别之处及需读者留意的是,章主旨"万用至宝"与章内容的关联关系,还有"美言可以市,尊行可以加人""虽有拱璧以先驷马,不如坐进此道""求以得,有罪以免邪"的解释。

第63章 为无为／战略管理

为无为，事无事，味无味。大小多少，报怨以德。
图难于其易，为大于其细。
天下难事，必作于易；天下大事，必作于细。
是以圣人终不为大，故能成其大。
夫轻诺必寡信，多易必多难。
是以圣人犹难之，故终无难矣。

【主旨】战略管理

【精译】

行无为之为（选择做一些无为之为把一件该做的事搞定），做无事之事（选择做一些让以后的事变少的事、未雨绸缪的事，即做系统建设和优化的事），品味无味之味（甘于无味但有价值的无为、无事之事，不好大喜功）。以小为大，以少为多，以德报怨（这些也是战略目标选择的重要原则）。在解决易事之中解决难事，在做成细事之中成就大事。天下的难事，必从容易处下手；天下的大事，必从细微处着手。所以，圣人从来不直接做大事，因而才能成就其大事。常轻易许诺，必使信用打折；常把事情看得容易，到头来必遇难题。所以，圣人在这两方面会特别小心谨慎，这样就没有困扰和难题了。

第63章 为无为/战略管理

【导读】

本章谈战略管理之道,与第64章执行管理之道共同构成老子管理之道或管理方法论的核心。本章的战略管理之道,重点论述战略目标的规划方法和原则,并强调了对做大事、难事的战略分解之策。老子"为大于其细"的方法论,同现代"WBS工作分解结构"类似,就是一个复杂一点的工作任务,先层层分解下去化成多个子任务,就像倒过来的树的干枝结构或金字塔结构,再自下而上完成子任务,从而最终完成战略总目标。

"为无为,事无事,味无味。"指明了确立战略目标的方法:"处无为之事",干该干的事,干建设和优化系统的事,干未雨绸缪的事,而不以事的"味道"为动。"大小多少",是战略制定的辩证法,战略目标不贪大与贪多,抓住关键的小和少。"报怨以德",这既是制定战略的原则,也是在实现战略目标过程中处理人际矛盾纠纷的智慧,详见第79章。后面接着指明了实现战略总目标的战略分解要领,即"图难于其易,为大于其细"。"夫轻诺必寡信,多易必多难",反过来说明应慎重接受或制定战略目标,把握住"言必信,行必果"的主动权。

本章解译特别之处及需读者留意的是,章主旨"战略管理"与章内容的关联关系。

第64章 其安易持／执行管理

其安易持，其未兆易谋，其脆易泮，其微易散。
为之于未有，治之于未乱。
合抱之木，生于毫末；
九层之台，起于累土；
千里之行，始于足下。
为者败之，执者失之。
是以圣人无为故无败，无执故无失。
民之从事，常于几成而败之。慎终如始，则无败事。
是以圣人欲不欲，不贵难得之货；
学不学，复众人之所过。
以辅万物之自然，而不敢为。

【句释】

泮（pàn）：分散，瓦解。

【主旨】执行管理

【精译】

安然平稳时，容易持守；未见兆端时，容易谋划；脆弱不堪时，容易使之瓦解；细弱微小时，容易使之消散。要趁事情未真正发生时就着手做些事，要趁世道未真正混乱时就开展治理。合抱的粗木，是从细细的小芽长起来的；九层的高台，是一筐筐土筑起来的；千里的行程，是一步步迈出来的。刻意而为的，将会失败；刻意而持守的，将会丧失。所以，圣人不会刻意去作为，就不失败；不会刻意去持守，就不丧失。世人行事，往往是在几近成功的时候而又失败了。到最后一刻还像刚开始时一样谨慎，就不会有失败的事了。所以，圣人的欲想与世人的不同，不看重世人所珍惜看重的；圣人学世人所不学的，复盘众人之过失，而从中有所领悟。圣人顺应万物的自然发展方向并予以助力推动，而不是任己作为。

【导读】

本章主旨执行管理之道，是老子管理之道即管理方法论的重要组成部分。本章与第63章战略管理，构成了老子管理方法论的核心。本章执行管理之道，就是战术与过程管理之道，包含防患于未然、随机应变、循序渐进、顺势而为、独立思考等重要原则，此章对于执行具体事务的战术与过程管理，指导意义极大。用于当今投资、投机项目管理，堪称妙不可言，无论你是价值投资，还是趋势投资，抑或兼而有之。这也反过来验证，老子有关执行的战术与过程管理之道的精妙。

本章执行管理之道涵盖了管理事务的全过程，在把握时机、主动、耐心、谨慎、独立、学习、借鉴、顺势等诸多方面都有简洁精彩的论述。这里再对其中几句做些补充解读。"欲不欲"：圣人做事不同于一般人的心态，而心态很重要，比如平常心、耐心、自律等。"不贵难得之货"：不追热闹，或适可而止。"学不学"：

学习些深入的、普通人不学或学不会的东西。"复众人之所过"：了解他人做事的失败根源，从而减少自己出错，减少试错成本；也要不忘"复己之过或过往"，这是当今企业界称之为"复盘"的管理方法。

　　本章解译特别之处及需读者留意的是，章主旨"执行管理"与章内容的关联关系。

第 65 章　古之善为道者／治以玄德

古之善为道者，非以明民，将以愚之。
民之难治，以其智多。
故以智治国，国之贼；不以智治国，国之福。
知此两者亦稽式。常知稽式，是谓玄德。
玄德深矣，远矣，与物反矣，然后乃至大顺。

【句释】

以智治国：以"智巧方式"治国，智巧方式即"算计方式"或"说教方式"等。

稽式：矫治国家的管理模式。

【主旨】治以玄德

【精译】

古时善于按道为政的，不是让世人变得更"聪明"，而是要使世人朴实自然。世人之所以难以管理，就是因为世人都不傻。所以，若以"智巧方式"来治理国家，那是国家的祸患；若不以"智巧方式"来治理国家，则是国家的福气。知道这两条，还要矫治国家的管理模式。要常常矫治国家的管理模式，就是玄德了。这玄德，深啊，远啊，他的力量与很多事物的走向往往相反，然而，唯此一段时间后才能通向大顺!

【导读】

"非以明民,将以愚之",这个治理方法可归类于"虚其心""弱其志"(第3章)。本章否定以智治国,即否定用"耍心机"或"算计方式""说教方式"或"讲道理方式"治国,其中从侧面强调了"不言之教"的重要性。

为什么"以智治国,国之贼"?就是在于"民之难治,以其智多",也就是说,民众其实是"心明眼亮"的,看得懂实际利益的,所以算计是不行的;当然民众大多是只顾眼前的,过多讲道理是不会有用的。

不以智治国,那要怎么做?除了本章开头的具体方法,更重要的就是本章后面讲的玄德,见第10章"玄德之道",另参看第3、43、49、60章"治国大道""不言之教""德行天下""君临天下"。

第66章 江海所以能/不争之德

江海所以能为百谷王者，以其善下之，故能为百谷王。
是以圣人欲上民，必以言下之；欲先民，必以身后之。
是以圣人处上而民不重，处前而民不害。
是以天下乐推而不厌。以其不争，故天下莫能与之争。

【主旨】不争之德

【精译】

江海中之所以能做到百川之王的，是因为它选择处于更低甚至最低位，所以才能成为百川之王。所以圣人想在万民之上，先得自谦为下；要成为万民之领导者，先把个人利益放后。这样，圣人在上，人民就没有被压迫感；他做领导，人民不会感到有害。所以普天下人都热心拥戴而不厌弃他。其与民不争，所以天下就没有人能与其相争。

【导读】

百川之王的成因，本章重点突出了在于其"善下之"，而实际上还在于其"有容乃大"做基础。因此本章强调的领导者要谦下、谦后、不争，也是必须以卓越的总体德才为前提，修德才可参见第15章"领导之道"、第28章"大制不割"、第41章"闻道勤行"、第 48 章"道学相长"、第 54 章"观物知人"等。能做到服务众生，再加之谦下、谦后、不争，不妨害众生，方可顺利成为领导者，成就大业，参见第 7 章"内圣外王"、第 34 章"大成之道"。本章重点强调的是不争之德，但理解和运用，需要对相关章的经文融会贯通。

第 67 章　天下皆谓／笃持三宝

天下皆谓我道大，似不肖。
夫唯大，故似不肖。若肖，久矣其细也夫！
我有三宝，持而保之。
一曰慈，二曰俭，三曰不敢为天下先。
慈，故能勇；俭，故能广；
不敢为天下先，故能成器长。
今舍慈且勇，舍俭且广，舍后且先，死矣！
夫慈，以战则胜，以守则固。天将救之，以慈卫之。

【句释】

不敢为天下先：不敢"为"天下先；即，不敢刻意强为天下先。

【主旨】笃持三宝

【精译】

世人都说我的道太大，似乎不像具体何物。正因为他大，才不像具体何物。若具体为何物，他早就细小得不知所踪了。我也不妨说说其中我的三件具体的宝贝吧，我会持守不渝。一是慈爱，二是节俭，三是不敢刻意强为天下先。慈爱，才能让己、让人勇敢；节俭，才能扩增储备；不敢刻意强为天下先，才能成为尊长。如果，舍弃了慈爱，还要让己、让人勇敢；舍弃了节俭，还要消耗扩大或去扩增储备；舍弃了谦后，自己去刻意抢先，那离死亡不远了！慈爱，用它来征战就能胜利，用它来守卫必会坚固。上天要拯救谁，将以慈爱来守护他。

【导读】

慈：慈爱，无私广大深厚的爱，上德之一。爱是世界上最伟大的力量，因爱的产生来源于真、善、美的吸引，有真、善、美，就会吸引你产生不可抗拒的强大的爱，反过来你想要得到爱，你自己就得真、善、美，这就是所谓"吸引力法则"，也就是"爱的法则"。儒家讲仁爱，佛家讲慈悲，等等，世界各顶级智慧无不推崇爱的力量。慈爱，内含"同其尘"的力量。

俭：节俭，属于广德，也是宇宙法则之一，是能量和资源节省原则，也通达第4章"和其光"，及第6章"用之不勤"思想。

不敢为天下先：属于后德、谦德、建德，也是宇宙法则之一，尽量回避"挫其锐，解其纷"的天道力量，这近同第64章"以辅万物之自然，而不敢为"，也近同第69章"不敢为主而为客"，即没条件、没逻辑不为天下先。老子旗帜鲜明地提出"不敢为天下先"，其实反而体现老子关注天下先，是要为天下先，只是不去刻意而为而已，不具备条件不敢为而已。当选择依道而为，参见第7章"内其身而身先"，及第66章"欲先民，必以身后之"等。

天将救之，以慈卫之：人慈爱之心升起，行动就有勇气和力量。

第 68 章　善为士者／知人善任

善为士者，不武；
善战者，不怒；
善胜敌者，不与；
善用人者，为之下。
是谓不争之德，是谓用人之力，是谓配天古之极。

【句释】

不武：（有功力而）不好斗。
不怒：（有力量而）不蛮干。
不与：（会妙算而）不对拼。

【主旨】知人善任

【精译】

　　善于执兵者有功力而不好斗，善于作战者有力量而不蛮干，善于战胜敌方者会妙算而不对拼，善于用人者会为人谦下。这些人都有不争的美德，用对了这些人就叫人尽其才，也算合于天道至极了。

【导读】

这章主旨是知人善任，但主要涉及武将士兵，而文官小吏的知人善任参见第 54 章 "观物知人"，老子人才观还有第 27 章 "教学相长"、第 28 章 "大制不割"、第 31 章 "文武之道"、第 45 章 "瑕不掩瑜"等。注意精译的最后三句，这三句是句句递进的关系。

本章解译特别之处及需读者留意的是，章主旨 "知人善任"与章内容的关联关系，还有 "是谓不争之德，是谓用人之力，是谓配天古之极"的层层递进的解译。

第 69 章　用兵有言／用兵之道

用兵有言：吾不敢为主而为客，不敢进寸而退尺。
是谓行无行，攘无臂，执无兵，扔无敌。
祸莫大于轻敌，轻敌几丧吾宝。
故抗兵相加，哀者胜矣。

【校订】
执无兵，扔无敌：取帛书本顺序，语义逻辑顺序与语感都更佳。

【句释】
行（xíng）无行（háng）：战斗没有固定的阵型，即阵型多变。
攘无臂：出手见不到胳膊，即神出鬼没。
执无兵：利用或投入非兵力因素。
扔无敌：甩掉敌人。

【主旨】用兵之道
战略不争，战术灵活，最患轻敌。

【精译】
会用兵者有言：我不选择主动征伐，而是以守为战；宁可做多一些的退守，也不做丝毫的冒进。战则，阵型多变，神出鬼没，利用好（任何可以利用的）兵力之外的条件和方法，（必要时）会甩脱敌人。最大的祸患是轻敌，轻敌的话几乎就会断送我的上述法宝。这样，若两军对峙，旗鼓相当，那悲伤哀恸（正义）的一方能胜。

【导读】

这章是老子具体的战争观与方法论："战略不争，战术灵活，最患轻敌。"全章论述语句虽少，但大道至简，与《孙子兵法》核心精髓是相通的。

下面再详细解释下老子兵法战术12字：

行无行：行进没有固定行列，即阵型多变，古代战争讲求阵法多变。现代战争，讲究海、陆、空配置灵活。

攘无臂：出手而不见手臂，即神出鬼没，比如游击战、闪击战、伏击战等。

执无兵：利用非兵力条件，如利用天险、关隘，水攻、火攻等，信息战、舆论战、其他谋略等。

扔无敌：撇下敌人而去则没有敌人了，即必要时甩脱敌人，比如必要时做战略转移或调虎离山等。

本章的"不敢进寸而退尺"，帛书甲本为"不敢进寸而芮尺"，"芮"字有较形象的释义，整句释义就会另有参考价值，"芮"字释义见第7章校订栏。"轻敌"在帛书甲乙本中为"无适""无敌"（适与敌两字有相同字根，易混淆），无敌与轻敌意相近可不必多论，而"无适"，意为不适度、无度，有参考价值，但不如"轻敌"直指核心。

本章解译特别之处及需读者留意的是，"行无行，攘无臂，执无兵，扔无敌"的解译。

第 70 章　吾言甚易知 / 道之传承

吾言甚易知，甚易行，天下莫能知，莫能行。
言有宗，事有君。夫唯无知，是以不我知。
知我者希，则我者贵。
是以圣人被褐而怀玉。

【校订】
被褐而怀玉：多本有"而"字，加重转折之意为好。

【句释】
言有宗：真言有依据。任何真言（真理）都是要一步步推导（如演绎归纳）出来的。
事有君：事变有动因。任何事物的变化发展都有一个个的推动因素。
被（pī）褐而怀玉：穿粗布衣服而怀中藏玉。深意为，略微掩藏更显魅力和价值。

【主旨】道之传承
道之继承：知言有宗，明事有君，知则合一（知行合一）；传道亦有道：被褐怀玉，更具魅力。

【精译】

我的话很容易明白，很容易实行。天下的人却不能明白，不能实行。真言有依据，事变有动因。不懂以上两点，就无法弄懂我说的。弄懂我说的人已稀少，按我说的做的人就更加稀少、更加珍贵。所以，圣人外表与常人一样穿粗布衣服，内里却藏有真才实学之宝玉（圣人的言词本身也是被褐怀玉，这样反而彰显其个人品德及其学识、智慧的价值和魅力）。

【导读】

"言有宗，事有君"是本章理解的关键，是理解领悟道的关键之一，是道之继承的关键之一。这两句是在说发现、分析、理解真理的方法；接后一句"夫唯无知，是以不我知"就是说，不懂得发现、分析、理解真理的方法，就不易理解老子所说的真理，也包括其他真理。正如一个不会做菜也没怎么看过别人做菜的人，去研究一道大菜的简约菜谱，怎么容易真正搞懂这个菜谱？

老子的《道德经》就似一道（修身治世）大菜的菜谱，写得还特别简约，不擅长"做菜"（研究和发现真理）的人不易直接读懂。读懂《道德经》得用此道，比如，第29章"天下神器，不可为也。为者败之，执者失之"此言何为其宗（此言依据是什么）？答曰："夫物或行或随，或歔或吹，或强或羸，或培或隳。"（万物都有对你有利或有害的两面性）此事何为其君（这种情况是什么原因造成的）？此须综合其他章内容等回答，答曰："因物之德，人之心，自然而然。"这样，就会明白此章要义，详见第29章解译内容。老子在此处给出了读懂《道德经》的方法，很多解译者、读者没有掌握或采用该方法，又没能解读出此章和此句的主旨，也就很难解读出《道德经》很多章节的内容，也就会造成解出很多歧义句子。

"知我者希，则我者贵。"既说明了道之继承的不易，也说明了道之继承的关键之一，即知则合一（知行合一）。

"被褐而怀玉"应有五层意思：一指圣人外表同普通人一样，但内在与其不同；二指圣人不注重外表，而是注重内在学识、品德修为；三指表面要做到不起眼，这样有利于保护自己和那块"玉"；四指圣人言论表面看起来是普通的，领悟内在深刻含义才算看到、看懂了宝贝；五指圣人会故意掩藏一些东西，让文字更有魅力，读懂后更有收获感，也算是不言之教的另一形式；同时，对于不是重点读者的普通大众也就令其能看懂多少算多少。

第五层应是老子在本章的深意所在，是传道之道。也正如孔子所讲：不愤不启，不悱不发。正如犹抱琵琶半遮面，更具魅力吧。也正如智慧的人很多也是幽默的，说的话不那么直白，也就不一定一下就能让人懂，但稍后懂了就觉得妙，而被褐怀玉就是类似的一种智慧。

本章解译特别之处也需读者留意的是，章主旨"道之传承"与章内容的关联关系，还有"言有宗，事有君""被褐而怀玉"的解释。

第71章　知不知／知病不病

知不知，尚矣；不知不知，病也。
圣人不病，以其病病。夫唯病病，是以不病。

【校订】
尚矣：取自帛书本。王本为"上"。
不知不知：取自帛书本。王本为"不知知"
其他部分也采用帛书本，但意义差异不大。

【主旨】知病不病
认识到人有盲区这个病，就不会被这病所害。

【精译】
　　知道自己的无知之处，尚可（因为是可以去学习、修炼、补救的，或避此短板）。不知道自己的无知之处（这是一个人的盲区或盲点），是一种病（认知方面必然会存在的问题，且不可直接补救）。圣人没被这病所害，就是因为他把这病当个病。只有把这病当个病来注意，才不会被这病所害。

【导读】
　　盲区/盲点问题看来已被老子清晰认知并告之世人。知道自己有"不知——不知"，就是知道自己有盲区这个问题（病），反而就不易被其所害。人的其他一些缺点或毛病也可以参考这个态度。

现在大家基本了解"认知四个象限",除了老子本章讲的两个还有两个,一是"知——知",这就是知道自己已知,是自己明确的已知;二就是"不知——知",不知道自己已知,这可能是未被自己发现也未使用的潜力,也可能是无意识在用了,正如一说"百姓日用而不知"。

正因为大家都有盲区,所以老子说,不自见故明(第22章),不固执己见,就不会被盲区所害。所以,我们在工作中,提倡批评与自我批评,目的之一也是为了解决这个问题。

一段绕口令式的讲话,把这个认知四象限差不多用足了:"据我们所知,我们已经知道一些,我们知道我们已经知道一些,我们还知道,我们有些并不知道,也就是说,我们知道有些事情我们还不知道,但是,还有一些,我们并不知道我们不知道,这些我们不知道的,我们不知道。"这段话原本是某国外情报官员汇报工作时的讲话,这里用来理解认知四象限还是挺生动的。

本章解译特别之处及需读者留意的是,认知四象限和经文校订之"不知不知"的解释。

第72章 民不畏威／生民底线

民不畏威，则大威至。
无狎其所居，无厌其所生。
夫唯不厌，是以不厌。
是以圣人自知不自见，自爱不自贵。故去彼取此。

【句释】

无狎（xiá）其所居：不窘迫于居住。狎：窘迫。

无厌其所生：不厌倦于生活、生存。

【主旨】**生民底线**

生民即百姓，底线即人性底线、心理底线。此处指百姓生存下去的心理底线。

【精译】

当民众不再畏惧权威时，那大威胁就来了。不使百姓窘迫于他们的居住，不使百姓厌倦于他们的生活、生存。只要民众不厌倦于生活、生存，就不会厌恶为政者。所以，圣人有自知之明，而不固执己见；爱惜自己，而不是自作尊贵。因上而去彼取此。

第72章 民不畏威/生民底线

【导读】

老子所说"无狎其所居，无厌其所生"（不窘于居，不厌于生）就是一种人性底线，除了饮食生存权，也可见居住权在生存底线、人性底线中的重要性。一个人已被逼无奈到厌倦于生，都不想活了，什么事做不出来？生民既有底线，就要保障民生，发展民生，同时还要清廉为政。否则灾难是可怕的，也可能是局部的，或针对个别的出格的为政者的。所以，为政者要自知、自爱，不要惹火上身。

个人之间有矛盾，也不要试图挑战这个底线，否则也将招致可怕的后果。这个底线，不一定是当事人真的到了无法生存的地步，只是"感觉"生存条件已不可接受而已。

本章解译特别之处及需读者留意的是，章主旨"生民底线"与章内容的关联关系，还有"无狎其所居，无厌其所生"的解译。

第73章　勇于敢则杀／天网恢恢

勇于敢则杀，勇于不敢则活。此两者，或利或害。
天之所恶，孰知其故？是以圣人犹难之。
天之道，
不争而善胜，不言而善应，不召而自来，繟然而善谋。
天网恢恢，疏而不失。

【句释】
繟（chǎn）然：坦然，从容的样子。

【主旨】天网恢恢
天道大网，浩大无边，无所不能的样子。

【精译】
勇于出头，则死；勇于不出头，则活。这两种情况，一个有利，一个有害。上天所厌恶的，谁晓得其中原因呢？所以圣人会特别重视与谨慎。天之道，不争而善得胜利，不说而善于应对，不召而会自己如期而至，从容之中善于谋划。天道大网，浩大无边，稀疏但不会漏失。

第73章　勇于敢则杀／天网恢恢

【导读】

老子应是从观察"出头的椽子容易烂"和"违法的重罪者被杀伐"等场景，以及第4章"挫其锐、解其纷"的天道，感悟出的天网恢恢。本章提示人们注意与天道和谐，务必不违背大自然之道，同时注重利用天时地利，有效发展。也可以说是在提示个人或组织，在一个系统中要敬畏系统的规则；同时也在启示，若是系统管理者，应有坚定的规则意识、法治意识，制定好法律、规则、规章、法则、游戏规则等。

本章也给出了制定"规则之网"的参考标准："天之道，不争而……疏而不失"，把里面的"天"字换成"规则"即可："规则之道，不争而善胜，不言而善应，不召而自来，繟然而善谋。规网恢恢，疏而不失。"

本章解译特别之处及需读者留意的是，天网恢恢的双重性。"勇于敢则杀"，一方面是说，作为参与者，要尊重天道和制度或规则；另一方面是说，作为制度的制定者和执行者要建立好的制度并严格执行。

第74章　民不畏死／法治天下

民不畏死，奈何以死惧之？
若使民常畏死，而为奇者，吾得执而杀之，孰敢？
常有司杀者杀。
夫代司杀者杀，是谓代大匠斵；
夫代大匠斵者，希有不伤其手矣。

【句释】

斵（zhuó）：同斫。义为用刀、斧等砍。

【主旨】法治天下

【精译】

民众若不怕死，以死来恫吓他们又有什么用呢？如果先使民众惧怕死，有为非作歹的人再抓来处死，这样谁还敢为非作歹呢？常设专管生杀职能部门。若自己亲自杀伐，就好像外行人代替木匠砍削木头。代替木匠砍削木头的人，少有不伤着自己手的。

【导读】

本章强调系统管理、法治管理，减少人治。要落实法治，就需要制定出合适的法律，建立法治系统，再有效执行，所谓：有法可依，有法必依；违法必究，执法必严。本章同时指出，法治有效的前提是要民众惧怕死，那就要使民众有美好生活的愿望、希望和基础，就要搞好社会经济，保障民生，这样民众才会热爱生活而惧怕死，才会让法制有效。

本章解译特别之处及需读者留意的是，章主旨"法治天下"与章内容的关联关系。

第 75 章 民之饥／节用贵生

民之饥，以其上食税之多，是以饥。
民之难治，以其上之有为，是以难治。
民之轻死，以其求生之厚，是以轻死。
夫唯无以生为者，是贤贵生。

【校订】
是贤贵生：按帛书本。

【句释】
厚：门槛高或障碍大。
无以生为者：没有谁为维持生计奔命／没有谁难以为生。

【主旨】节用贵生
减少百姓负担，保障百姓生存。

【精译】
　　百姓会挨饿，是因为统治者吃税太多，所以百姓会挨饿。百姓不好管，是因为统治者背道而为、人为多事，所以反而会不好管。百姓不在乎死（去违法或抗争），是因为他们求得生存的门槛太高，所以不在乎死。（生存困难，就可能会冒死抗争或违法抢夺偷盗等，社会就会更难治理。）因此，唯有不让百姓生存难以为继，才是贤德，是尊重生命。

【导读】

本章规劝统治者应节用少事，保障百姓的生存底线，这样才能让社会治理趋于和谐，也体现了老子贵爱众生的思想。老子的年代，苛政常见，"苛政猛于虎"的故事，是那个时代多有发生的真实写照。

本章解译特别之处及需读者留意的是，章主旨"节用贵生"与章内容的关联关系，还有"求生之厚""无以生为者，是贤贵生"的解译。

第76章 人之生也柔弱／柔弱之德

人之生也柔弱，其死也坚强。

万物草木之生也柔脆，其死也枯槁。

故坚强者死之徒，柔弱者生之徒。

是以兵强则不胜，木强则兵。强大处下，柔弱处上。

【句释】

柔脆：柔弱鲜嫩。

木强则兵：树木强壮了则易被砍伐。兵，古字形为双手执斤（斧），有砍伐之义。

【主旨】柔弱之德

【精译】

　　人活着的时候，身体是柔弱的，一死就僵硬了。万物草木活着的时候，本体是柔弱鲜嫩的，一死就枯槁了。所以，坚强的往往是属于死亡一类的，柔弱的往往是属于生存一类的。所以，军队强了（就易骄傲自满僵化），行将不胜（且行消耗衰败之路）；树木强壮了也就易遭砍伐（也将行衰败之路）。（无柔弱之德的）强大事物会处于劣势或生存发展劣势，有柔弱之德的事物会处于优势或生存发展优势。

第 76 章　人之生也柔弱 / 柔弱之德

【导读】

柔弱之德重要一点是其适应性，这是事物生存发展的关键之一，不管其本身现状是强大还是柔弱，即所谓适者生存。柔弱之德，除了包含适者生存优势外，还包含内部的协调性，以及形态及运作的灵活多变，有所谓变者为王的特质。柔弱是一种道，一种德，不能一味理解成表面的柔弱（但不排除表面柔弱的情况），更多应要看到其高适应性、协调性、灵活性、变化性、生命力等方面。柔弱之德一方面会受益于"同其尘"的天道力量，同时受"挫其锐、解其纷"的天道力量打击也会较小；而无柔弱之德的强大事物，受"挫其锐、解其纷"的天道力量的打击反而会较大。

第77章　天之道/道者之德

天之道，其犹张弓与？
高者抑之，下者举之；有余者损之，不足者补之。
天之道，损有余而补不足。
人之道，则不然，损不足以奉有余。
孰能有余以奉天下？唯有道者。
是以圣人为而不恃，功成而不处，其不欲见贤。

【主旨】道者之德

【精译】

上天之道，不就像张弓射箭一样吗？高了向下压一点，低了向上举一点，拉过头了可松一点，没拉足就再多拉开一点。上天之道，是减少有余的、补给不足的。人间之道却不这样，是减损不足的，加给有余的。谁能（自己或使人）有余而用来奉献给天下人呢？唯有有道之人。所以，圣人做事不任随己意，事成了也不视为自己的功劳，他并不想让众人看见自己的贤能。

【导读】

本章指出做一个道者应努力践行的德行。要依天道，损有余而补不足，要让自己或使他人有余以奉天下，以及为而不恃，功成不处,不欲见贤等。要注意的是,人之道,损不足以奉有余,但因天道存在,也是不可持续的,总有极端的限制,应明白这点及早主动求损反而可能有益,否则,天道降临,可能就是灾祸了。正如第42章讲"物或损之而益,或益之而损",也如第9章所讲"金玉满堂,莫之能守。富贵而骄,自遗其咎",这是本章所隐含提示的依人之道而不依天之道的忧患。同时,本章损有余补不足的思想,也是想强调社会应该需要保持一定的公平,道者或圣人应有责任和能力去努力实现。

第78章 天下莫柔弱／正言若反

天下莫柔弱于水，而攻坚强者莫之能胜，
以其无以易之。
弱之胜强，柔之胜刚，天下莫不知，莫能行。
是以圣人云：
受国之垢，是谓社稷主；受国不祥，是为天下王。
正言若反。

【句释】
无以易之：没有什么能改变它的汹涌等特性（水的柔弱带来的超好的流动性，从而带来汹涌流动、无孔不入等特性）。

【主旨】正言若反
很多正确的话，听起来好像反话一样。

【精译】
天下万物中，没有什么比水更柔弱了，然而攻坚克强，没有什么能胜过水了，因为没有什么能改变它的汹涌等特性。这个弱可胜强、柔可胜刚的道理，天下的人没有不知道的，却没有能实行的。所以圣人说："能承受一国之屈辱的，才能称为社稷的君主；能承担一国之灾祸的，才能做天下的君王。"很多正确的话，听起来好像反话一样。

【导读】

一些话语，只是听上去似乎有违大众认知，实乃正确，这就叫正言若反，因此这些话要仔细揣摩。很多名言就是如此，比如：

"世界上最难的事是认识自己。"

"责任是最伟大的力量。"

"生活就是战斗。"

"即将来临的一天，比过去的一年更为悠长。"

"一个人的价值，应该看他贡献什么，而不应当看他取得了什么。"

《道德经》全篇中就有很多正言若反的话，比如：

"圣人不仁，以百姓为刍狗""金玉满堂，莫之能守""五色令人目盲""绝圣弃智，民利百倍""将欲歙之，必固张之""我无为而民自化""祸兮福之所倚""不敢为天下先，故能成器长""兵强则不胜，木强则兵"等。

这些话都类似于本章所说"弱之胜强，柔之胜刚"，及借圣人之口所说"受国之垢，是谓社稷主；受国不祥，是为天下王"。本章老子以水攻坚强的实例，以及借圣人之口的修身治世的两句话，明确点出本章主旨"正言若反"，提醒世人要提高领悟力，要善于反向思维或逆向思维，要善于从看似有问题的言论中辨别出其中的智慧，加以深刻领悟，并要做到知行合一。

第 79 章　和大怨／报怨以德

和大怨，必有余怨，报怨以德，安可以为善？
是以圣人执左契，而不责于人。
有德司契，无德司彻。天道无亲，常与善人。

【校订】
报怨以德：多本有此句，符合本章语境，而且是本章主旨。

【主旨】报怨以德
以自己的德行解决自己的、别人的、互相的怨。

【精译】
调和化解大怨，一定还是会留有余怨，就算你是报怨以德，这岂又称得上妥善处理好了呢？所以，圣人掌握着债权的左契凭证，却不去唠叨和追讨。有德之人（相处中若有矛盾）乐于执行契约的承诺（因此不易生怨）；无德之人（相处中若有矛盾）却如同执行收缴税一般（双方喜欢博弈、争执，易于生怨）。上天之道，公平无私，总是支持有德之人。

【导读】
本章核心就是讲处理人际关系出现问题时的智慧，即报怨以

第79章 和大怨/报怨以德

德。而第一句老子就指出大怨是难以彻底平复的,即使报怨以德。因此,报怨以德,要趁小怨,要控制怨的产生。不管是单方面的怨,还是双方面的怨,发现了就要处理好。否则大怨产生,再来处理,效果也不佳,大家都知道心灵的创伤常常难以痊愈,圣人也难逃此劫,因此必须加以控制。第63章有提到"报怨以德",老子认为这个重要,再次展开来细说。它是处理人们交往中常有的矛盾、纠纷问题的大智慧。

既然是怨,那主要就指所谓"一家人",或是相互长期往来合作者之间的事。作为智者,人生境界高,生死都了然(第16章),已明心见性(第52章),他人给自己带来的一点抱怨和不满意,算得了什么? 自然会以妥善处理的心态,去处理掉误会,化干戈为玉帛。而对方有小怨时,当然也会及时发现和处理。这样,双方可以减少由此潜藏的情感、情绪问题带来的消耗,同时避免问题升级带来更大问题。而大怨产生,报怨以德也无全效了。

本章指出有德之人处理关系时,常是"有德司契",老子推崇人际相处中要有契约精神,当然也未必要文字契约,口头承诺也是契约,所谓一言既出,驷马难追。既然是契约,也是各方意愿的选择,所以,应遵守自己的契约承诺,以不给对方造成怨恨等问题,这样是会得到老天善待的。而圣人甚至是,即使别人有亏欠自己,也不责于人,避免给对方造成任何的怨。

管理者要注意和民众或其他组织尽量保持和谐,要及时处理好矛盾,不要让他们产生大怨,以致难以解决。要知道普通人有小怨都难以消化,何况大怨。正如第64章讲"治之于未乱",这也是处理关系矛盾纠纷的智慧。同时,圣人常善救人,即使对方有德行问题,圣人亦可使其改变,详见第27、49、62章。

本章还指出,无德之人处理关系时,常是"无德司彻",似收税、缴税一般，这时双方常会互相博弈，收方要严苛求取，而缴方可能会偷奸耍滑，这是有违天道的。

从本章可以梳理出普通人处理人际关系的修炼路径。首先自己尽力做到"有德司契"，遵守契约和承诺（注意也要不轻诺，见第63章）；出现问题纠纷时，则要抱有一个妥善处理的态度，不要选择"无德司彻"的博弈心态，当然更不能一点就着，睚眦必报，条件反射式地处理问题，这都可能导致产生大怨，也就是产生更大问题，更难于处理；而即使别人有所亏欠于自己，也能尽可能大度处之。通过一段时间修炼，会慢慢提升，以至于达到"有德司契""执左契，而不责于人""报怨以德"的境界。

本章解译特别之处及需读者留意的是，"报怨以德""有德司契""无德司彻"的解译。

第 80 章 小国寡民／和谐天下

小国寡民。
使有什伯之器而不用，使民重死而不远徙。
虽有舟舆，无所乘之；虽有甲兵，无所陈之。
使民复结绳而用之。
甘其食，美其服，安其居，乐其俗。
邻国相望，鸡犬之声相闻，民至老死，不相往来。

【句释】
什伯（shí bǎi）：各式各样的。
重死：重视死亡，即热爱生活。
舟舆：战船、战车。
不相往来：深层含义是没有相互厮杀、兵戎相见。

【主旨】和谐天下

【精译】
国家小人口少（要如何思考？如何治理？），使百姓不追求使用花样百出的器具物品（这样就可以让人们安心搞好实实在在器具物品的生产）。（搞好实在的民生）让百姓安居故土，热爱生活，不再远行迁徙他乡去所谓追梦或冒险。备有战船、战车，但使它们没有乘用的机会；有武装的士兵，也使他们没有什么地方需要部署。鼓励民众传承结绳记事等一些传统文化技艺方法（可使民风淳朴），享受属于他们的饮食之香甜、服饰之美好、居住之安逸、习俗之快乐。邻国的百姓相互望一望都看得见，鸡犬之声相互可以听到，人民直到老死也没有相互（兵戎）往来。

【导读】

要立足老子当时的"天下"格局和老子的一贯思想脉络来理解此章。"小国寡民"，若解释为"国家要（适当的）小，人口要（适当的）少"，不是很恰当，这既不会是天子，也不会是老子的普遍希望，应是希望限制某些大国搞扩张，免得难以管理，也让国小民寡的君主不欲图谋扩张，安心自己的内部良性发展，从而只需适当协调，就可以让天下太平和谐。国家之间和谐才重要，有多少大国小国并不重要。因为后面在提，让人民不远徙，鼓励安居乐业，这与解释为"国要小、民要寡"不相和，而且，国家多"小"算是小或合适？人口多"少"算是少或合适？同时后面也并没有明显以国大还是国小来谈治国，其主张具有普遍性，可以认为老子只是拿小国的发展治理做案例来说而已。

本章前半部分主张治国要搞好内政外交，良性、简朴、和平发展，显然这个主张指向所有国家，不管大国还是小国，否则哪来的"虽有甲兵，无所陈之"？老子支持国家要有"舟舆""甲兵"，但是作为守卫和平之用。然后继续鼓励人们简朴生活，"复结绳而用之"，这样就有了后面的"甘其食，美其服，安其居，乐其俗"的美好生活画面；而且"邻国相望，鸡犬之声相闻"，边界如此之近，"老死不相往来"，无所用兵，不相往来厮杀，如此和平气息已然很美好。和平最重要，有否往来并不重要，往来少还可能更有利于民众"虚其心",让民众更加朴实自然。

本章的主张同前面许多章目讲的"虚心实腹""绝巧弃利""反争霸"等治国思想一脉相承,描写了人民由此而达到的理想的生活状态。总之,本章老子的意图是推行其治国平天下的价值观、方法论:不管国家大小都要和谐发展,让天下太平,让人民安享简朴而美好的生活。以期呈现人们常说的国泰民安、天下太平的局面。

本章内容看似老子有不重视发展生产力的倾向,事实上老子很清楚人们发展生产这方面的冲动之强,正如第57章讲"我无事而民自富",可见老子认为没必要重视或鼓励,反而应提倡简朴以适当减弱这一冲动,让人们生活得更平衡、美好。

本章解译特别之处及需读者留意的是,章主旨"和谐天下"与章内容的关联关系,还有"什伯""舟舆""往来"等的解释。

第81章　信言不美／无私之德

信言不美，美言不信。
善者不辩，辩者不善。
知者不博，博者不知。
圣人不积，既以为人己愈有，既以与人己愈多。
天之道，利而不害；圣人之道，为而不争。

【主旨】无私之德

【精译】
诚信的话语不一定动听顺耳，动听顺耳的话语不一定诚信。德行好的人不爱辩论辩解，爱辩论辩解的人就是德行不够好。智者不会为自己寻求博有身外之物，为自己寻求博有外物的人不是智者。圣人不为自己谋取什么实际的东西，就只管服务世人，而自己愈加拥有；就只管给予世人，而自己愈加丰富。天之道，以恒久不变的规则驱动万物发展，不加干扰和索取。圣人之道，有所作为，但不会霸道和为自己索取什么。

【导读】
本章是《道德经》最后一章，论述圣人当有无私之德并论述无私之德的价值。美言所以不信，辩者所以不善，博者所以不智，皆是因为私心。因而，言语才要包装，问题才要辩解，外物才要多占。而若无私心，自然话语无须包装，问题无须辩解，外物无须多占。无私之德，反而能更好地成就自己，如同第7章所讲："非以其无私邪？故能成其私。"

《道德经》最后一章以"无私之德"的主旨作为全篇结尾很有意义，天之道是无私的，所以利而不害；圣人之道也是无私的，所以为而不争。一个人来到世间，空空地来，也只能空空地走，也就没有必要贪恋任何东西。老子阐述的人生大道，在第33章（人生大道）已经概括；而一个人的大成之道，老子在第34章（大成之道）也做了阐述；因而一个完美的人生，必将证得无我而利天下。

本章解译特别之处及需读者留意的是，章主旨"无私之德"与章内容的关联关系，还有"利而不害""为而不争"的解释。

后 记

以"七维参悟解码"方法解码《道德经》的智慧及其背后的智慧思维模式，是一个非常奇妙的思想旅程。在此工作基本完成之时，笔者就有了一个明确的感觉：老子《道德经》之所以是一部奇书，是因为它是一座系统而宏大的智慧思想宝库，涵盖了宇宙、社会、人生、思维的诸多方面，笔者虽早有这个判断，而现在则是有了更清晰、更生动的认识和体验；它体现的是极致的科学自然主义，其涉及学科极其丰富，包括：哲学、科学、政治、经济、军事、文化、领导、管理、教育、伦理、心理、思维、人性、健身、修心、生命、生死、中医、谋略等；它以修身治世的智慧为落脚点，本身文字表达又是那么优美和直指人心。因此，它让每一位读者总能与之有心灵共鸣之处，总有智慧的启迪和收获。

通过解码工作，笔者还有不少感想和判断，汇总如下供参考：

1.《道德经》全篇主旨思想体系完整。

全篇包含81个章主旨，而全篇总的主旨又可归纳为"尊道贵德，无为而治"，为此笔者专门做了一个主旨串文，详见附录三，这些主旨就构成了老子修身治世哲学与方法严密、平衡、实用、简洁、精妙的体系。经文中众多名句除了本身的智慧光芒，都还作为其本章主旨的论据，没有发现哪一句是所谓孤立的"珍珠"或"名言"。目前来看，综合《道德经》各版本，总体经文信息已相当完整，81章的分章也相当合适、合理，加上各路解译大军及现代便利的网络资源,《道德经》已具备几乎可以全部被正解的条件。

2. 大道至简,《道德经》也有其简明的核心世界观、人生观、价值观、方法论,提炼如下:

世界观:道法自然(第23、25、4、14、21、34章)。

人生观:内圣外王(第7、49、60、80章)。

价值观:尊道贵德(第10、18、25、32、34、38、51、53、56章)。

方法论:无为而治(第2、3、5、22、37、57、60、65、66、74章)。

3.《道德经》针对的核心读者应是老子时代的君王、高官及其智囊或老师,及有志于成为以上者。对当代政商界精英人士也特别有价值,组织中越是高阶人士越有价值,普通百姓亦可参考,也极有价值。当今世界依然纷争不断,非常值得当代全世界政治精英和领袖们阅读,可以从中汲取宝贵的修身治世智慧。

4. 老子通过汲取中华经典智慧及深入观察自然、社会、众生的发展变化的现象,并经深入系统思考,形成了极有效率的修身治世的大道之学,成为中华文化内核的最重要组成部分之一。该大道之学的内部要素相当平衡,并非偏重柔弱,也不乏强硬之处。比如,"强行者有志""镇之以无名之朴""以道莅天下,其鬼不神""治之于未乱""勇于敢则杀""常有司杀者杀",等等。其强调无欲、柔弱、处下、清静、无为,主要目的是引发重视,这些是君王也是一般人普遍容易忽视的,矫枉过正而已。

5. 解出了特别的四章主旨,恰对应中华十六字心传藏于其中:人心惟危(第29章),道心惟微(第14章),惟精惟一(第22章),允执厥中(第58章)。中华十六字心传的简明正解,详见笔者百家号"吴博启明"上的相关文章。

6. 老子之言，常常是短短一句话就将生动案例、深刻道理、优美文字三合为一，很多隐喻都展示了其中很独特的角度，具有直达意识和潜意识的力量，极具说服力、感染力。

7. 老子善于辩证地看问题，提醒人们经常看不到或不重视的一面，辩证思维无所不在。但总体来看，老子始终重视平衡、和谐、系统。

8.《易经》八八六十四卦，《道德经》九九八十一章，这两个数字有一定的内在关联。除了数字口诀或数字组合的特点，《易经》是从世界的六十四个状态出发，研究世界的变化规律；而《道德经》是从八十一个角度或领域研究修身治世；同时六十四与八十一都是人脑一个比较可接受的、并容易融会贯通的分类容量，而同时又达到了对研究对象有足够的精细程度。

9. 解码的章主旨用了儒、释、道，以及现代管理等学科的词语，事实上作为人类大智慧，大道至简，大道相通，能有部分内容互解互鉴很正常，也是必然的。儒、释、道也有着部分共同的源头，特别是儒、道的共同源头更多。很多主旨也没有什么特别，都是现今中国人的智慧对应的词语或成语，大多也已经被大家所领悟，也可以说是《道德经》的影响已潜移默化，只是一些没有被解译明确其对应章目。实际上，"无为"与"中庸"在本质上也没有多大区别，只是说法、思考路径有一定差异，而从最后的决策结果和执行效果来看是相同或相近的。

10. 老子于函谷关三天作书的传说是有现实可能的，笔者认为老子已随身带着其大道之学要旨的笔记竹简，笔者也有习惯常常记录一些读书或思考而领悟的道理或原则的要旨。当然老子或已对大道之学的要旨了然于心，自然在函谷关一蹴而就。

11. 关于《道德经》作者问题，笔者看到经文各章主旨分布合理、系统，章内容相当配合章主旨且章内部逻辑自洽，帛书本及通行本实应出自一人之手，或在同一时期一人主编；核心内容跨时代、多作者几乎不可能，以经文相似而历史上大量解老却差异明显就可感知。全盘看懂了应能解正确，就没必要加什么料，没能全盘看懂自然无法加减料，加减了就容易出错，也就只能局部修饰。所以，成书之后，主要是各路的抄写与文饰，使经文更华丽顺口，当然因传播工具限制等也导致一些错漏增减问题。校订经文中，明显发现参考帛书本次数最多，但通行的王弼本也明显比帛书本的语句更顺。

12. 老子《道德经》除了本身蕴含的智慧光芒，其行文被褐怀玉，确实因此也提升了魅力，2500多年来，全球学习研究老子《道德经》的热情始终保持，传播效果有目共睹。如果一看就懂，可能反而达不到这个效果。

笔者在此要感谢我的太太孙菲女士，她在笔者解码和形成文稿过程中，对解译内容的简明性和可读性提出了不少有价值的意见和建议。衷心感谢各位读者的阅读并期待和欢迎您与笔者交流，可上百家号等自媒体"吴博启明"留下您的宝贵意见。百家号上还有笔者关于人生智慧升级之道的系列文章，可供有缘人参考。

《道德经》博大精深，学习、领悟及实践应用都很重要，方法也很重要，可重点参见第70章"道之传承"。要理解掌握"言有宗，事有君"（第70章）的闻道之道；然后更重要的是在修身治世或日常工作中加以体悟和应用，所谓"知我者希，则我者贵"（第70章）、"修之于身，其德乃真……"（第54章），哪怕是先努力用好其中几句话的智慧，有了良好体验之后，就可逐渐扩大和加深理解和应用。如果让笔者推荐《道德经》全篇中对当今所

后　记

有人最为受用的一个概念、理念、智慧或一个词，那就是"玄德"（参见第 10、51、65 章），它至深至远，是一切美德的源头，它全方位相合于"天之道"与"圣人之道"，可以当我们悟道的出发点，同时也是落脚点，值得我们去深入领悟和长期不断修炼。愿我们的人生旅途有先贤智慧一路相伴。

吴为民

于厦门 2022.5

附录一

章主旨集合一览表

1. 寻道之道
2. 相对之道
3. 治国大道
4. 四大天道
5. 清静无为
6. 玄牝之门
7. 内圣外王
8. 上善若水
9. 功遂身退
10. 玄德之道
11. 有无相成
12. 虚心实腹
13. 无我之德
14. 道心惟微
15. 领导之道
16. 知常达道
17. 悠兮贵言
18. 失道寡助
19. 抱朴寡欲
20. 绝学无忧
21. 孔德之道
22. 惟精惟一
23. 希言自然
24. 余食赘行
25. 得法达道
26. 持重守静
27. 教学相长
28. 大制不割
29. 人心惟危
30. 兵果而已
31. 文武之道
32. 各行其道
33. 人生大道
34. 大成之道
35. 道妙味淡
36. 谋略之道
37. 守道之道
38. 处实不华
39. 得一而生
40. 天道之德
41. 闻道勤行
42. 强梁之危
43. 不言之教
44. 淡泊名利
45. 瑕不掩瑜
46. 祸起争霸
47. 成圣之路
48. 道学相长
49. 德行天下
50. 化解双劫
51. 事业法门
52. 明心见性
53. 行于大道
54. 观物知人
55. 含德之厚
56. 玄同之贵
57. 以正治国

58. 允执厥中	66. 不争之德	74. 法治天下
59. 啬乃早服	67. 笃持三宝	75. 节用贵生
60. 君临天下	68. 知人善任	76. 柔弱之德
61. 谦下外交	69. 用兵之道	77. 道者之德
62. 万用至宝	70. 道之传承	78. 正言若反
63. 战略管理	71. 知病不病	79. 报怨以德
64. 执行管理	72. 生民底线	80. 和谐天下
65. 治以玄德	73. 天网恢恢	81. 无私之德

附录二

主题领域对应主要章目

论道：1. 寻道之道、2. 相对之道、3. 治国大道、4. 四大天道、14. 道心惟微、21. 孔德之道、23. 希言自然、25. 得法达道、34. 大成之道。

论德：5. 清静无为、7. 内圣外王、10. 玄德之道、38. 处实不华、39. 得一而生、40. 天道之德、51. 事业法门、67. 笃持三宝、76. 柔弱之德、77. 道者之德、81. 无私之德。

修道：16. 知常达道、20. 绝学无忧、22. 惟精惟一、25. 得法达道、41. 闻道勤行、47. 成圣之路、48. 道学相长。

修德：10. 玄德之道、13. 无我之德、38. 处实不华、66. 不争之德、77. 道者之德、79. 报怨以德、81. 无私之德。

修学：20. 绝学无忧、27. 教学相长、28. 大制不割、47. 成圣之路、48. 道学相长、70. 道之传承。

修心：10. 玄德之道、13. 无我之德、16. 知常达道、20. 绝学无忧、29. 人心惟危、44. 淡泊名利、46. 祸起争霸、52. 明心见性、56. 玄同之贵。

修行：9. 功遂身退、10. 玄德之道、12. 虚心实腹、20. 绝学无忧、24. 余食赘行、33. 人生大道、35. 道妙味淡、79. 报怨以德、81. 无私之德。

思维：1. 寻道之道、2. 相对之道、11. 有无相成、22. 惟精惟一、26. 持重守静、36. 谋略之道、39. 得一而生、42. 强梁之危、45. 瑕不掩瑜、70. 道之传承、71. 知病不病、76. 柔弱之德、

78. 正言若反。

治国：3. 治国大道、5. 清静无为、6. 玄牝之门、12. 虚心实腹、17. 悠分贵言、18. 失道寡助、19. 抱朴寡欲、37. 守道之道、46. 祸起争霸、49. 德行天下、57. 以正治国、58. 允执厥中、60. 君临天下、65. 治以玄德、74. 法治天下、75. 节用贵生、80. 和谐天下。

国策：8. 上善若水、36. 谋略之道、59. 啬乃早服、61. 谦下外交、74. 法治天下。

用兵：30. 兵果而已、31. 文武之道、36. 谋略之道、63. 战略管理、64. 执行管理、67. 笃持三宝、68. 知人善任、69. 用兵之道。

用人：27. 教学相长、28. 大制不割、29. 人心惟危、31. 文武之道、45. 瑕不掩瑜、54. 观物知人、68. 知人善任。

领导：7. 内圣外王、10. 玄德之道、15. 领导之道、17. 悠分贵言、26. 持重守静、29. 人心惟危、43. 不言之教、51. 事业法门、53. 行于大道、62. 万用至宝、66. 不争之德、67. 笃持三宝。

管理：32. 各行其道、37. 守道之道、50. 化解双劫、58. 允执厥中、63. 战略管理、64. 执行管理、72. 生民底线、73. 天网恢恢、74. 法治天下。

经营：6. 玄牝之门、21. 孔德之道、29. 人心惟危、50. 化解双劫、51. 事业法门、58. 允执厥中。

人生：6. 玄牝之门、7. 内圣外王、9. 功遂身退、10. 玄德之道、16. 知常达道、33. 人生大道、44. 淡泊名利、47. 成圣之路、48. 道学相长、52. 明心见性、55. 含德之厚、56. 玄同之贵、62. 万用至宝、67. 笃持三宝、79. 报怨以德。

养生：6. 玄牝之门、10. 玄德之道、52. 明心见性、55. 含德之厚、56. 玄同之贵。

215

附录三

道德经主旨串接文[①]

尊道贵德 无为而治

探寻宇宙、社会、人生的真理,构建美好世界,成就美好人生,当**尊道贵德,无为而治**。

从**寻道之道**的思考开始,而后要好好把握**相对之道**,进而深入领悟**治国大道、四大天道**,力行**清静无为**之道。探寻、守护、使用好相关的**玄牝之门**的生生之源,努力去修**内圣外王**之道,汲取**上善若水**之善为不争智慧,将可达到成功,成功亦不忘**功遂身退**。

修**玄德之道**,明**有无相成**,做到**虚心实腹**,修得担当大任的**无我之德**。纵然**道心惟微**,力求遵循**领导之道**,就能敝而不成,以至于**知常达道**。做到**悠兮贵言**,避免**失道寡助**,还须努力**抱朴寡欲**。力求通达**绝学无忧**,明**孔德之道**,加之**惟精惟一**,就可以应**希言自然**,自然而然入道。

出言行事切勿**余食赘行**,努力**得法达道**。谨记**持重守**

---

① 全篇总主旨+以章为顺序的章主旨的串接,加粗字为主旨。

静、**教学相长**、**大制不割**、**人心惟危**、**兵果而已**、**文武之道**，而后令**各行其道**。行**人生大道**、**大成之道**，需明**道妙味淡**、**谋略之道**，而始终不忘**守道之道**。

处实不华，**得一而生**；明**天道之德**，**闻道勤行**。明**强梁之危**，行**不言之教**，**淡泊名利**，察人观物**瑕不掩瑜**，切记**祸起争霸**。达到不为而成境界的**成圣之路**，必需**道学相长**不辍。圣人当**德行天下**、**化解双劫**，熟谙**事业法门**，尊道贵德。修得**明心见性**，而必行于**大道**，用人当**观物知人**。使体魄强健，修得**含德之厚**，亦常修内心，修得**玄同之贵**。

治国平天下当**以正治国**、**允执厥中**；切记**啬乃早服**，以道莅天下，必君临天下，然**谦下外交**。当以**万用至宝**化为随需所用之策，熟谙**战略管理**、**执行管理**，必事半功倍。**治以玄德**，当行**不争之德**而笃持三宝；**知人善任**，且掌握**用兵之道**。明了**道之传承**、**知病不病**，自知自爱不触**生民底线**。

天网恢恢，切必敬畏天道、规则，但亦可为我所用。**法治天下**，亦当**节用贵生**。抱持力行**柔弱之德**、**道者之德**。通明**正言若反**、**报怨以德**。天下大势，浩浩汤汤，顺之者昌，逆之者亡，圣人始终以百姓心为心，始终致力于**和谐天下**。大道之行，天下为公，始终保持**无私之德**，不忘初心，为而不争。

附录四

本书解译特别之处一览表

一、解码了全部章主旨

解码的章主旨，其四字句或其含义，比较特别的主要有如下章目（共计 41 章）：

2. 相对之道	28. 大制不割	52. 明心见性
3. 治国大道	29. 人心惟危	54. 观物知人
4. 四大天道	31. 文武之道	58. 允执厥中
6. 玄牝之门	32. 各行其道	59. 啬乃早服
7. 内圣外王	36. 谋略之道	60. 君临天下
8. 上善若水	37. 守道之道	63. 战略管理
13. 无我之德	40. 天道之德	64. 执行管理
14. 道心惟微	41. 闻道勤行	68. 知人善任
15. 领导之道	45. 瑕不掩瑜	70. 道之传承
16. 知常达道	46. 祸起争霸	72. 生民底线
22. 惟精惟一	48. 道学相长	74. 法治天下
23. 希言自然	49. 德行天下	80. 和谐天下
25. 得法达道	50. 化解双劫	81. 无私之德
27. 教学相长	51. 事业法门	

解译的全章内容，比较特别的主要有如下章目（共计 32 章）：

1. 寻道之道	21. 孔德之道	49. 德行天下
2. 相对之道	22. 惟精惟一	50. 化解双劫
3. 治国大道	23. 希言自然	52. 明心见性
4. 四大天道	28. 大制不割	54. 观物知人
5. 清静无为	29. 人心惟危	56. 玄同之贵
6. 玄牝之门	36. 谋略之道	60. 君临天下
7. 内圣外王	37. 守道之道	69. 用兵之道
8. 上善若水	39. 得一而生	70. 道之传承
15. 领导之道	41. 闻道勤行	71. 知病不病
16. 知常达道	42. 强梁之危	72. 生民底线
19. 抱朴寡欲	48. 道学相长	

二、校订经文涉及较多章

涉及校订（相较王弼本）的章目 33 章，参见附录六和正文，其中有较大内容校订的有 22 章：

2. 相对之道	20. 绝学无忧	51. 事业法门
3. 治国大道	26. 持重守静	55. 含德之厚
5. 清静无为	29. 人心惟危	61. 谦下外交
7. 内圣外王	35. 道妙味淡	62. 万用至宝
8. 上善若水	37. 守道之道	71. 知病不病
13. 无我之德	41. 闻道勤行	79. 报怨以德
14. 道心惟微	46. 祸起争霸	
15. 领导之道	49. 德行天下	

三、较多疑难歧义字词句有特别解译[1]

1. 有 / 无 / 玄之又玄

2. 万物昔而弗始，为而弗志，成而弗居。夫唯居，是以弗去。

3. 不尚贤 / 虚其心 / 弱其志 / 无知、无欲 / 不敢、弗为

4. 冲 / 不盈 / 挫其锐，解其纷，和其光，同其尘。

5. 刍狗 / 橐籥 / 多闻数穷

6. 谷神 / 玄牝 / 用之不勤

7. 以其不自生，故能长生。/ 内其身而身先，外其身而身存。

8. 上善若水 / 居众人之所恶 / 居善地，心善渊，予善天

9. 揣而锐之

13. 贵为身于为天下 / 爱以身为天下

14. 执今之道，以御今之有，以知古始，是谓道纪。

15. 微妙玄通 / 敝而不成

18. 智慧出，有大伪

19. 绝圣弃智 / 绝仁弃义 / 绝巧弃利

20. 绝学无忧 / 美之与恶

21. 孔德

22. 抱一为天下式 / 曲则全

23. 希言自然

25. 人法地，地法天，天法道，道法自然。

27. 不贵其师，不爱其资，虽智大迷，是谓要妙。

28. 大制不割

---

[1] 前面数字为章目。

29. 夫物或行或随，或歔或吹，或强或羸，或培或隳。

31. 夫佳兵者 / 君子居则贵左，用兵则贵右。

35. 执大象，天下往。

36. 鱼不可脱于渊，国之利器不可以示人。

37. 镇之以无名之朴

38. 无为而无以为 / 攘臂而扔之 / 前识者，道之华而愚之始。

39. 昔之得一者 / 故致数舆无舆，是故不欲琭琭如玉，珞珞如石。

41. 道隐无名 / 夫唯道，善贷且成。

42. 道生一，一生二，二生三，三生万物。/ 冲气以为和。

47. 其出弥远，其知弥少。

48. 为学日益，为道日损。/ 无为 / 无事

49. 吾亦善之 / 吾亦信之 / 歙歙焉，为天下浑其心

50. 生生之厚 / 以其无死地

52. 终身不救 / 用其光，复归其明

53. 朝甚除

54. 以身观身，以家观家，以乡观乡，以国观国，以天下观天下。

55. 未知牝牡之合而朘作 / 益生曰祥 / 心使气曰强。

56. 挫其锐，解其纷，和其光，同其尘 / 玄同

59. 莫若啬

60. 治大国若烹小鲜。/ 鬼 / 神 / 德交归焉

62. 美言可以市，尊行可以加人。/ 虽有拱璧以先驷马，不如坐进此道。/ 求以得，有罪以免邪？

67. 不敢为天下先。

68. 是谓不争之德，是谓用人之力，是谓配天古之极。

69. 行无行，攘无臂，执无兵，扔无敌。

70. 言有宗，事有君。/ 被褐而怀玉。

71. 不知不知

72. 无狎其所居，无厌其所生。

75. 求生之厚 / 无以生为者，是贤贵生。

76. 强大处下，柔弱处上。

78. 以其无以易之。

79. 有德司契，无德司彻。

80. 小国寡民 / 虽有舟舆 / 不相往来

81. 知者不博，博者不知。/ 利而不害

附录五

章主旨精髓版

1. 寻道之道
无,名天地之始;有,名万物之母。
无欲观妙,有欲观徼。
有无之玄,玄之又玄,大道之门。

2. 相对之道
万事万物,对立统一。处为无之事,行不言之教。
万物昔而弗始,弗志弗居。

3. 治国大道
常使民无知、无欲,使夫知不敢、弗为而已。

4. 四大天道
挫其锐,解其纷,和其光,同其尘。

5. 清静无为
一视同仁,以为刍狗,行必守中。

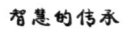

6. 玄牝之门

玄牝之门，生生之源，察之护之，用之不勤。

7. 内圣外王

天地之德：广纳星辰，生载万物。

圣人之道：心怀绝学，吸引众生。

8. 上善若水

上善若水，善为不争。

9. 功遂身退

适可而止，知止不殆；功成不居，当退则退。

10. 玄德之道

身强心顺，智明行朴，善听谦学；

生之畜之，生而不有，为而不恃，长而不宰。

11. 有无相成

有无搭配，不轻空无，有无相成，利用之道。

12. 虚心实腹

过欲伤心，虚心实腹，淡于感官，重于实务。

13. 无我之德
宠辱若惊，为吾有身，修身无我，可予寄托。

14. 道心惟微
迎之不见其首，随之不见其后。
执今之道，以御今之有，以知古始，是谓道纪。

15. 领导之道
达于微妙玄通，修于七德三才。

16. 知常达道
虚极静笃，以观万物；物我归根，是谓复命；
复命曰常，知常达道。

17. 悠兮贵言
下知有之，悠兮贵言，百姓自然，上信下成。

18. 失道寡助
大道废，则万事寡助。

19. 抱朴寡欲
大道兴，则万事多助。
弃名取实，民利百倍；见素抱朴，少私寡欲。

20. 绝学无忧

不随大流，不惧人言，安心绝学，绝学无忧。

21. 孔德之道

创生之道，惟恍惟惚，形生质长，直至成功。

22. 惟精惟一

总览整体，细探原则；把握本源，明了人性；
事半功倍。

23. 希言自然

一切自然而然，存在即是合理。若行大道，自然宽坦。

24. 余食赘行

自见、自是、自伐、自矜，
人之四陋，有道者不处。

25. 得法达道

人法地，地法天，天法道，道法自然。

26. 持重守静

领导管理，持重守静。就轻失本，躁动失控。

27. 教学相长

圣人常善救人救物,有所善长者为师。

不贵其师,不爱其资,虽智大迷,是谓要妙。

28. 大制不割

为学为道,德才兼备;大才大用,大制不割。

29. 人心惟危

天下神器,不可为也,其在人心惟危。

圣人去甚、去奢、去泰。

30. 兵果而已

不以兵强天下,善者果而已。

31. 文武之道

夫佳兵者,不祥之器,不得已而用之。

君子居则贵左,用兵则贵右。战胜以丧礼处之。

32. 各行其道

始制有名,名亦既有,夫亦将知止,知止可以不殆。

33. 人生大道

知人自知,胜人自胜,知足强行,

不失其所,死而不亡。

34. 大成之道

衣养万物而不为主，万物归焉而不为主。

终不自为大，故能成其大。

35. 道妙味淡

执大象，天下往。往而不害，安平太。

道之淡无味，用之不可既。

36. 谋略之道

将欲夺之，必固与之；

柔弱胜刚强；国之利器不可以示人。

37. 守道之道

侯王尊道，万物将自化；

化而欲作，镇之以无名之朴，天下将自正。

38. 处实不华

上德不德，无为而无以为。

下德不失德，为之而有以为。

道德仁义礼，薄厚华实分。力处厚实，不居薄华。

39. 得一而生

万事万物，得因缘合和而生。

40. 天道之德

反者道之动,弱者道之用。

天下万物生于有,有生于无。

41. 闻道勤行

闻道勤行,勤行得道,道隐无名,善贷且成。

42. 强梁之危

道生万物,阴阳气和,损益辩证,强梁有危。

43. 不言之教

不言之教,显无为之益,天下希及之。

44. 淡泊名利

争名逐利,有害身心,道者有度。

45. 瑕不掩瑜

人无完人,物无完物;察人观物,瑕不掩瑜。

46. 祸起争霸

罪莫大于可欲,祸莫大于不知足,咎莫大于欲得。

争霸生祸,不可不察。

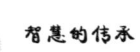

47. 成圣之路
持续为学为道不辍,终得不为而成大法。

48. 道学相长
为学日益,为道日损。
损之又损至无为,无为无事取天下。

49. 德行天下
圣人以百姓心为心,德善德信。
歙歙焉,为天下浑其心。

50. 化解双劫
生生之厚,不可不明;不去死地,不留死穴。

51. 事业法门
道生之,德畜之,物形之,气成之。
守得玄德见事成。

52. 明心见性
知世界之终始,修自身之心性,明万物众生之根本。
和谐相处,无遗身殃。

53. 行于大道

行于大道，是谓正道；

有人好径，是为非道，或为盗夸。

54. 观物知人

观察其所为之结果，见证其人之德能。

55. 含德之厚

含德之厚，体魄强健；精气神身，强健俱足。

56. 玄同之贵

天道修心，通与天道，达至玄同；

不刻意于亲疏利害贵贱，而天下贵。

57. 以正治国

以正治国，以奇用兵，以无事取天下。

无为，好静，无事，无欲。

58. 允执厥中

天下之事，左右为难，左右摇摆，不如允执厥中。

59. 啬乃早服

粮食，国之命脉。

以粮为纲，端牢饭碗，长生久视。

60. 君临天下
以道莅天下，其鬼不神，其神不伤人，
神与圣不相伤，德交归焉，故君临天下。

61. 谦下外交
大小国相交，各取其所欲，大者宜为下。

62. 万用至宝
道者，万物之奥，善人之宝，不善人之所保。
渡人渡己之至宝，为政事业之倚靠。

63. 战略管理
无为无事无味，大小多少，报怨以德。
图难于其易，为大于其细。

64. 执行管理
为之于未有，治之于未乱。千里之行，始于足下。
慎终如始，以辅万物之自然，而不敢为。

65. 治以玄德
以智治国，须以矫治，应以玄德治国。
玄德，深矣，远矣，与物反矣，然后乃至大顺。

66. 不争之德
夫唯不争，故天下莫能与之争。

67. 笃持三宝
一曰慈，二曰俭，三曰不敢为天下先。

68. 知人善任
知人善任，配天古之极。

69. 用兵之道
战略不争，战术灵活，最患轻敌。
抗兵相加，哀者胜矣。

70. 道之传承
道之继承：言有宗，事有君；知我者希，则我者贵。
传道亦有道：被褐怀玉，更具魅力。

71. 知病不病
不知不知，盲点之病；知此通病，不被所害。

72. 生民底线
无狎其所居，无厌其所生。
人性底线，不可触碰，自知自爱。

73. 天网恢恢
天之所恶，不可不慎；天之大助，不可不用。

74. 法治天下
使民乐生惧死，再行法治天下。

75. 节用贵生
减负节用，注重民生，圣贤之道，和谐之道。

76. 柔弱之德
柔弱之德，天道之德；适者生存，变者为王。

77. 道者之德
损有余而补不足，为而不恃，功成不处，不欲见贤。

78. 正言若反
正言若反，闻之必悟，悟之必用，用之必益。

79. 报怨以德
避免大怨，报怨以德；司契司彻，天道与善。

80. 和谐天下
虽国小民寡，而专注发展民生，友善邻邦。
大国亦当如此，则天下和谐。

81. 无私之德
圣人不积，为而不争。

附录六

吴博章旨本《道德经》[①]

吴为民　勘校　2022年

第1章　寻道之道
道可道，非常道。名可名，非常名。
无，名天地之始；有，名万物之母。
故常无欲，以观其妙；常有欲，以观其徼。
此两者同出而异名，同谓之玄。玄之又玄，众妙之门。

第2章 ***　相对之道
天下皆知美之为美，斯恶已；
皆知善之为善，斯不善已。
故有无相生，难易相成，长短相形，
高下相倾，音声相和，前后相随，恒也。
是以圣人处无为之事，行不言之教。
万物昔而弗始，为而弗志，成而弗居。
夫唯居，是以弗去。

---

① 以王弼本为底本和对照，结合其他多本及解码工作做出校订，校订原因参见正文该章校订栏；章目后打 */**/*** 表示该章相对王本有较小/较大/很大的校订，与王本不同处的对照示于该章末；溪/豁、窥/阒、彻/徹、人/民、余/馀等字根据情况选用，不作对照。

王弼本：(全章)
天下皆知美之为美，斯恶已；
皆知善之为善，斯不善已。
故有无相生，难易相成，长短相形，
高下相倾，音声相和，前后相随。
是以圣人处无为之事，行不言之教。
万物作焉而不辞，生而不有，为而不恃，功成而弗居。
夫唯弗居，是以不去。

第3章 ***　治国大道

不尚贤，使民不争；

不贵难得之货，使民不为盗；

不见可欲，使民心不乱。

是以圣人之治，虚其心，实其腹；弱其志，强其骨。

常使民无知、无欲，

使夫知不敢、弗为而已，则无不治。

王弼本：
(使夫知不敢、弗为而已)使夫智者不敢为也，为无为

第4章　四大天道

道冲，而用之或不盈。渊兮，似万物之宗。

挫其锐，解其纷，和其光，同其尘。

湛兮，似或存。吾不知谁之子，象帝之先。

第 5 章 ** 清静无为

天地不仁，以万物为刍狗；

圣人不仁，以百姓为刍狗。

天地之间，其犹橐籥乎？

虚而不屈，动而愈出，多闻数穷，不如守中。

王弼本：
（多闻数穷）多言数穷

第 6 章 玄牝之门

谷神不死，是谓玄牝。

玄牝之门，是谓天地根。

绵绵若存，用之不勤。

第 7 章 ** 内圣外王

天长地久。

天地所以能长且久者，以其不自生，故能长生。

是以圣人，内其身而身先，外其身而身存。

非以其无私邪？故能成其私。

王弼本：
（内其身而身先）后其身而身先

第 8 章 ***　上善若水

上善若水。

水善，利万物而又静，居众人之所恶，故几于道。

居善地，心善渊，予善天，

言善信，正善治，事善能，动善时。

夫唯不争，故无尤。

王弼本：（全章）

上善若水。

水善利万物而不争，处众人之所恶，故几于道。

居善地，心善渊，与善仁，

言善信，正善治，事善能，动善时。

夫唯不争，故无尤。

第 9 章　功遂身退

持而盈之，不如其已。揣而锐之，不可长保。

金玉满堂，莫之能守。富贵而骄，自遗其咎。

功遂身退，天之道。

第 10 章 *　玄德之道

载营魄抱一，能无离乎？专气致柔，能婴儿乎？

涤除玄览，能无疵乎？爱民治国，能无智乎？

天门开阖，能为雌乎？明白四达，能无知乎？

生之畜之，生而不有，为而不恃，长而不宰，

是谓玄德。

王弼本：
（能无智乎）能无知乎
（能无知乎）能无为乎

第11章　有无相成

三十辐共一毂，当其无，有车之用。

埏埴以为器，当其无，有器之用。

凿户牖以为室，当其无，有室之用。

故有之以为利，无之以为用。

第12章　虚心实腹

五色令人目盲；五音令人耳聋；五味令人口爽；

驰骋畋猎，令人心发狂；难得之货，令人行妨。

是以圣人为腹不为目，故去彼取此。

第13章**　无我之德

宠辱若惊，贵大患若身。

何谓宠辱若惊？

宠为下，得之若惊，失之若惊，是谓宠辱若惊。

何谓贵大患若身？

吾所以有大患者，为吾有身，及吾无身，吾有何患？

故贵为身于为天下，若可托天下；

爱以身为天下，若可寄天下。

王弼本：
（故贵为身于为天下）故贵以身为天下

第14章 ** 道心惟微

视之不见，名曰夷；听之不闻，名曰希；
搏之不得，名曰微。此三者不可致诘，故混而为一。
其上不皦，其下不昧。绳绳兮不可名，复归于无物。
是谓无状之状，无物之象，是谓惚恍。
迎之不见其首，随之不见其后。
执今之道，以御今之有，以知古始，是谓道纪。

王弼本：
（绳绳兮不可名）绳绳不可名
（执今之道）执古之道
（以知古始）能知古始

第15章 ** 领导之道

古之善为士者，微妙玄通，深不可识。
夫唯不可识，故强为之容：
豫兮若冬涉川，犹兮若畏四邻，
俨兮其若客，涣兮若冰之将释，
敦兮其若朴，旷兮其若谷，混兮其若浊。
孰能浊以止静之徐清？孰能安以久动之徐生？
保此道者不欲盈。夫唯不盈，故能敝而不成。

王弼本：
（孰能浊以止静之徐清）孰能浊以静之徐清
（敝而不成）敝不新成

第16章　知常达道

致虚极，守静笃。万物并作，吾以观复。
夫物芸芸，各复归其根。归根曰静，是谓复命。
复命曰常，知常曰明。不知常，妄作凶。
知常容，容乃公，公乃王，王乃天，天乃道，
道乃久，没身不殆。

第17章　悠兮贵言

太上，下知有之；其次，亲而誉之；
其次，畏之；其次，侮之。
信不足焉，有不信焉。
悠兮其贵言。功成事遂，百姓皆谓：我自然。

第18章　失道寡助

大道废，有仁义；
智慧出，有大伪；
六亲不和，有孝慈；
国家昏乱，有忠臣。

第 19 章　抱朴寡欲

绝圣弃智，民利百倍；

绝仁弃义，民复孝慈；

绝巧弃利，盗贼无有。

此三者以为文不足，

故令有所属：见素抱朴，少私寡欲。

第 20 章 **　绝学无忧

绝学无忧。

唯之与阿，相去几何？美之与恶，相去若何？

人之所畏，不可不畏。荒兮其未央哉！

众人熙熙，如享太牢，如春登台。

我独泊兮其未兆，如婴儿之未孩。

儽儽兮若无所归。众人皆有余，而我独若遗。

我愚人之心也哉！沌沌兮！

俗人昭昭，我独昏昏；俗人察察，我独闷闷。

澹兮其若海，飂兮若无止。

众人皆有以，而我独顽似鄙。

我独异于人，而贵食母。

王弼本：

（美之与恶）善之与恶

第 21 章　孔德之道

孔德之容，惟道是从。道之为物，惟恍惟惚。
惚兮恍兮，其中有象；恍兮惚兮，其中有物；
窈兮冥兮，其中有精；其精甚真，其中有信。
自古及今，其名不去，以阅众甫。
吾何以知众甫之状哉？以此。

第 22 章　惟精惟一

曲则全，枉则直，洼则盈，敝则新，少则得，多则惑。
是以圣人抱一为天下式。
不自见故明，不自是故彰，
不自伐故有功，不自矜故长。
夫唯不争，故天下莫能与之争。
古之所谓曲则全者，岂虚言哉！诚全而归之。

第 23 章 *　希言自然

希言自然。
飘风不终朝，骤雨不终日。
孰为此者？天地。天地尚不能久，而况于人乎？
故从事于道者，同于道；德者，同于德；
失者，同于失。
同于道者，道亦乐得之；同于德者，德亦乐得之；
同于失者，失亦乐得之。信不足焉，有不信焉。

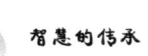

王弼本：
（飘风不终朝）故飘风不终朝
（同于道）道者同于道

第 24 章　余食赘行
企者不立，跨者不行。
自见者不明，自是者不彰，自伐者无功，自矜者不长。
其在道也，曰：余食赘行。物或恶之，故有道者不处。

第 25 章　得法达道
有物混成，先天地生。
寂兮寥兮，独立不改，周行而不殆，可以为天下母。
吾不知其名，字之曰道，强为之名曰大。
大曰逝，逝曰远，远曰反。
故道大，天大，地大，王亦大。
域中有四大，而王居其一焉。
人法地，地法天，天法道，道法自然。

第 26 章 **　持重守静
重为轻根，静为躁君。
是以君子终日行不离辎重。唯有环官，燕处则昭若。
奈何万乘之主，而以身轻天下？
轻则失根，躁则失君。

王弼本：

（君子）圣人

（唯有环官，燕处则昭若）虽有荣观，燕处超然

第27章　教学相长

善行无辙迹，善言无瑕谪，善数不用筹策，

善闭无关楗而不可开，善结无绳约而不可解。

是以圣人常善救人，故无弃人；

常善救物，故无弃物；是谓袭明。

故善人者，不善人之师；不善人者，善人之资。

不贵其师，不爱其资，虽智大迷，是谓要妙。

第28章　大制不割

知其雄，守其雌，为天下溪。

为天下溪，常德不离，复归于婴儿。

知其白，守其黑，为天下式。

为天下式，常德不忒，复归于无极。

知其荣，守其辱，为天下谷。

为天下谷，常德乃足，复归于朴。

朴散则为器，圣人用之，则为官长。故大制不割。

第 29 章 ** 人心惟危

将欲取天下而为之，吾见其不得已。

天下神器，不可为也。为者败之，执者失之。

夫物或行或随，或歔或吹，或强或羸，或培或隳。

是以圣人去甚，去奢，去泰。

王弼本：

（夫物或行或随，或歔或吹，或强或羸，或培或隳。）
故物或行或随，或歔或吹，或强或羸，或挫或隳。

第 30 章 * 兵果而已

以道佐人主者，不以兵强天下。其事好还。

师之所处，荆棘生焉；大军之后，必有凶年。

善者果而已，不敢以取强。

果而勿矜，果而勿伐，果而勿骄，

果而不得已，果而勿强。

物壮则老，是谓不道，不道早已。

王弼本：

（善者果而已）善有果而已

第 31 章 * 文武之道

夫佳兵者，不祥之器。物或恶之，故有道者不处。

君子居则贵左，用兵则贵右。

兵者，不祥之器，非君子之器，不得已而用之。

恬淡为上，胜而不美，而美之者，是乐杀人。

夫乐杀人者，则不可以得志于天下矣。

吉事尚左，凶事尚右。

偏将军居左，上将军居右，言以丧礼居之。

杀人之众，以悲哀莅之。战胜，以丧礼处之。

王弼本：
（言以丧礼居之）言以丧礼处之
（以悲哀莅之）以哀悲泣之

第 32 章　各行其道

道常无名，朴。虽小，天下莫能臣也。

侯王若能守之，万物将自宾。

天地相合，以降甘露，民莫之令而自均。

始制有名，名亦既有，夫亦将知止，知止可以不殆。

譬道之在天下，犹川谷之于江海。

第 33 章　人生大道

知人者智，自知者明。

胜人者有力，自胜者强。

知足者富，强行者有志。

不失其所者久，死而不亡者寿。

第 34 章　大成之道

大道氾兮，其可左右。

万物恃之以生而不辞，功成不名有。

衣养万物而不为主，常无欲，可名于小；

万物归焉而不为主，可名为大。

以其终不自为大，故能成其大。

第 35 章 **　道妙味淡

执大象，天下往。往而不害，安平太。

乐与饵，过客止。道之出口，淡乎其无味，

视之不足见，听之不足闻，用之不可既也。

王弼本：
（用之不可既也）用之不足既

第 36 章　谋略之道

将欲歙之，必固张之；将欲弱之，必固强之；

将欲废之，必固兴之；将欲夺之，必固与之。

是谓微明。

柔弱胜刚强，鱼不可脱于渊，国之利器不可以示人。

第 37 章 ***　守道之道

道恒无为。

侯王若能守之，万物将自化。

化而欲作，吾将镇之以无名之朴。

镇之以无名之朴，夫将不辱。不辱以静，天下将自正。

王弼本：（全章）
道常无为而无不为。
侯王若能守之，万物将自化。
化而欲作，吾将镇之以无名之朴。
无名之朴，夫亦将无欲。不欲以静，天下将自定。

第 38 章　处实不华

上德不德，是以有德；下德不失德，是以无德。

上德无为而无以为；下德为之而有以为；

上仁为之而无以为；上义为之而有以为；

上礼为之而莫之应，则攘臂而扔之。

故失道而后德，失德而后仁，

失仁而后义，失义而后礼。

夫礼者，忠信之薄，而乱之首。

前识者，道之华而愚之始。

是以大丈夫处其厚，不居其薄；处其实，不居其华。

故去彼取此。

第 39 章 *　得一而生

昔之得一者：

天得一以清，地得一以宁，

神得一以灵，谷得一以盈，

万物得一以生，侯王得一以为天下贞。

其致之也。

天无以清将恐裂，地无以宁将恐发，

神无以灵将恐歇，谷无以盈将恐竭，

万物无以生将恐灭，侯王无以贵高将恐蹶。

故贵以贱为本，高以下为基。

是以侯王自谓孤、寡、不谷。此非以贱为本邪？非乎？

故致数舆无舆，是故不欲琭琭如玉，珞珞如石。

王弼本：

（其致之也）其致之

（是故不欲琭琭如玉）不欲琭琭如玉

第 40 章　天道之德

反者道之动，弱者道之用。

天下万物生于有，有生于无。

第41章 ** 闻道勤行

上士闻道，勤而行之；

中士闻道，若存若亡；

下士闻道，大笑之。不笑不足以为道。

故建言有之：

明道若昧，进道若退，夷道若纇；

上德若谷，大白若辱，广德若不足，

建德若偷，至贞若渝；

大方无隅，大器免成，大音希声，大象无形。

道隐无名。夫唯道，善贷且成。

王弼本：
（至贞若渝）质真若渝
（大器免成）大器晚成

第42章 强梁之危

道生一，一生二，二生三，三生万物。

万物负阴而抱阳，冲气以为和。

人之所恶，唯孤、寡、不谷，而王公以为称。

故物或损之而益，或益之而损。

人之所教，我亦教之：强梁者不得其死。

吾将以为教父。

第 43 章　不言之教

天下之至柔，驰骋天下之至坚。

无有入无间，吾是以知无为之有益。

不言之教，无为之益，天下希及之。

第 44 章　淡泊名利

名与身孰亲？身与货孰多？得与亡孰病？

是故甚爱必大费，多藏必厚亡。

知足不辱，知止不殆，可以长久。

第 45 章 *　瑕不掩瑜

大成若缺，其用不弊。大盈若冲，其用不穷。

大直若屈，大巧若拙，大辩若讷。

躁胜寒，静胜热，清静可以为天下正。

王弼本：

（清静可以为天下正）清静为天下正

第 46 章 **　祸起争霸

天下有道，却走马以粪。天下无道，戎马生于郊。

罪莫大于可欲，祸莫大于不知足，咎莫大于欲得。

故知足之足，常足矣。

王弼本：

（罪莫大于可欲，祸莫大于不知足）祸莫大于不知足

第 47 章　成圣之路

不出户，知天下；

不窥牖，见天道。

其出弥远，其知弥少。

是以圣人不行而知，不见而名，不为而成。

第 48 章　道学相长

为学日益，为道日损。

损之又损，以至于无为，无为而无不为。

取天下常以无事，及其有事，不足以取天下。

第 49 章 ** 　德行天下

圣人常无心，以百姓心为心。

善者，吾善之；不善者，吾亦善之；德善。

信者，吾信之；不信者，吾亦信之；德信。

圣人在天下，歙歙焉，为天下浑其心，

百姓皆注其耳目，圣人皆孩之。

王弼本：

（常无心）无常心

（歙歙焉）歙歙

（百姓皆注其耳目，圣人皆孩之）圣人皆孩之

第 50 章　化解双劫

出生入死。生之徒，十有三；死之徒，十有三；
人之生，动之于死地，亦十有三。
夫何故？以其生生之厚。
盖闻善摄生者，路行不遇兕虎，入军不被甲兵。
兕无所投其角，虎无所措其爪，兵无所容其刃。
夫何故？以其无死地。

第 51 章 ***　事业法门

道生之，德畜之，物形之，气成之。
是以万物莫不尊道而贵德。
道之尊，德之贵，夫莫之命而常自然。
故道生之，德畜之；长之育之，亭之毒之，盖之覆之；
生而不有，为而不恃，长而不宰；是谓玄德。

王弼本：
（气成之）势成之
（盖之覆之）养之覆之

第 52 章 *　明心见性

天下有始，以为天下母。既得其母，以知其子；
既知其子，复守其母；没身不殆。
塞其兑，闭其门，终身不勤。

开其兑，济其事，终身不救。

见小曰明，守柔曰强。

用其光，复归其明，无遗身殃。是为袭常。

王弼本：

（袭常）习常

第53章　行于大道

使我介然有知，行于大道，唯施是畏。

大道甚夷，而民好径。

朝甚除，田甚芜，仓甚虚；

服文采，带利剑，厌饮食，财货有余。

是为盗夸，非道也哉！

第54章　观物知人

善建者不拔，善抱者不脱，子孙以祭祀不辍。

修之于身，其德乃真；修之于家，其德乃余；

修之于乡，其德乃长；修之于国，其德乃丰；

修之于天下，其德乃普。

故以身观身，以家观家，以乡观乡，

以国观国，以天下观天下。

吾何以知天下然哉？以此。

第 55 章 ** 含德之厚

含德之厚,比于赤子。

蜂虿虺蛇不螫,攫鸟猛兽不搏。骨弱筋柔而握固。

未知牝牡之合而朘作,精之至也。

终日号而不嗄,和之至也。

知和曰常,知常曰明,益生曰祥,心使气曰强。

物壮则老,谓之不道,不道早已。

王弼本:
(攫鸟猛兽不搏)猛兽不据,攫鸟不搏
(朘作)全作

第 56 章 玄同之贵

知者不言,言者不知。塞其兑,闭其门;

挫其锐,解其纷,和其光,同其尘;是谓玄同。

故不可得而亲,不可得而疏;

不可得而利,不可得而害;

不可得而贵,不可得而贱。

故为天下贵。

第 57 章 以正治国

以正治国,以奇用兵,以无事取天下。

吾何以知其然哉?以此:

天下多忌讳，而民弥贫；民多利器，国家滋昏；
人多伎巧，奇物滋起；法令滋彰，盗贼多有。
故圣人云：
我无为而民自化，我好静而民自正，
我无事而民自富，我无欲而民自朴。

第58章 *　允执厥中

其政闷闷，其民淳淳。其政察察，其民缺缺。
祸兮福之所倚，福兮祸之所伏。孰知其极？其无正也。
正复为奇，善复为妖。人之迷，其日固久。
是以圣人方而不割，廉而不刿，直而不肆，光而不耀。

王弼本：
（其无正也）其无正

第59章　啬乃早服

治人事天，莫若啬。夫唯啬，是谓早服。
早服谓之重积德，重积德则无不克，
无不克则莫知其极，莫知其极，可以有国。
有国之母，可以长久。是谓深根固柢，长生久视之道。

第 60 章　君临天下

治大国若烹小鲜。

以道莅天下，其鬼不神。

非其鬼不神，其神不伤人。

非其神不伤人，圣人亦不伤人。

夫两不相伤，故德交归焉。

第 61 章 **　谦下外交

大国者，下流，天下之牝。

天下之交，牝常以静胜牡，以静为下。

故大国以下小国，则取小国。

小国以下大国，则取大国。

故或下以取，或下而取。

大国不过欲兼畜人，小国不过欲入事人。

夫两者各得其所欲，大者宜为下。

王弼本：
（天下之牝。天下之交，）天下之交，天下之牝。

第 62 章 **　万用至宝

道者，万物之奥，善人之宝，不善人之所保。

美言可以市，尊行可以加人。人之不善，何弃之有？

故立天子，置三公，

虽有拱璧以先驷马,不如坐进此道。
古之所以贵此道者何?不曰:求以得,有罪以免邪?
故为天下贵。

王弼本:
(求以得)以求得

第63章　战略管理

为无为,事无事,味无味。大小多少,报怨以德。
图难于其易,为大于其细。
天下难事,必作于易;天下大事,必作于细。
是以圣人终不为大,故能成其大。
夫轻诺必寡信,多易必多难。
是以圣人犹难之,故终无难矣。

第64章　执行管理

其安易持,其未兆易谋,其脆易泮,其微易散。
为之于未有,治之于未乱。
合抱之木,生于毫末;
九层之台,起于累土;
千里之行,始于足下。
为者败之,执者失之。
是以圣人无为故无败,无执故无失。

民之从事，常于几成而败之。慎终如始，则无败事。
是以圣人欲不欲，不贵难得之货；
学不学，复众人之所过。
以辅万物之自然，而不敢为。

第 65 章　治以玄德

古之善为道者，非以明民，将以愚之。
民之难治，以其智多。
故以智治国，国之贼；不以智治国，国之福。
知此两者亦稽式。常知稽式，是谓玄德。
玄德深矣，远矣，与物反矣，然后乃至大顺。

第 66 章　不争之德

江海所以能为百谷王者，以其善下之，故能为百谷王。
是以圣人欲上民，必以言下之；欲先民，必以身后之。
是以圣人处上而民不重，处前而民不害。
是以天下乐推而不厌。以其不争，故天下莫能与之争。

第 67 章　笃持三宝

天下皆谓我道大，似不肖。
夫唯大，故似不肖。若肖，久矣其细也夫！
我有三宝，持而保之。

一曰慈，二曰俭，三曰不敢为天下先。

慈，故能勇；俭，故能广；

不敢为天下先，故能成器长。

今舍慈且勇，舍俭且广，舍后且先，死矣！

夫慈，以战则胜，以守则固。天将救之，以慈卫之。

第 68 章　知人善任

善为士者，不武；

善战者，不怒；

善胜敌者，不与；

善用人者，为之下。

是谓不争之德，是谓用人之力，是谓配天古之极。

第 69 章 *　用兵之道

用兵有言：吾不敢为主而为客，不敢进寸而退尺。

是谓行无行，攘无臂，执无兵，扔无敌。

祸莫大于轻敌，轻敌几丧吾宝。

故抗兵相加，哀者胜矣。

王弼本：

（执无兵，扔无敌）扔无敌，执无兵

第 70 章 *　道之传承

吾言甚易知，甚易行，天下莫能知，莫能行。
言有宗，事有君。夫唯无知，是以不我知。
知我者希，则我者贵。
是以圣人被褐而怀玉。

王弼本：
（被褐而怀玉）被褐怀玉

第 71 章 **　知病不病

知不知，尚矣；不知不知，病也。
圣人不病，以其病病。夫唯病病，是以不病。

王弼本：（全章）
知不知，上；不知知，病。
夫唯病病，是以不病。圣人不病，以其病病，是以不病。

第 72 章　生民底线

民不畏威，则大威至。
无狎其所居，无厌其所生。
夫唯不厌，是以不厌。
是以圣人自知不自见，自爱不自贵。
故去彼取此。

第 73 章　天网恢恢

勇于敢则杀，勇于不敢则活。此两者，或利或害。

天之所恶，孰知其故？是以圣人犹难之。

天之道，

不争而善胜，不言而善应，不召而自来，繟然而善谋。

天网恢恢，疏而不失。

第 74 章　法治天下

民不畏死，奈何以死惧之？

若使民常畏死，而为奇者，吾得执而杀之，孰敢？

常有司杀者杀。

夫代司杀者杀，是谓代大匠斲；

夫代大匠斲者，希有不伤其手矣。

第 75 章 *　节用贵生

民之饥，以其上食税之多，是以饥。

民之难治，以其上之有为，是以难治。

民之轻死，以其求生之厚，是以轻死。

夫唯无以生为者，是贤贵生。

王弼本：
（是贤贵生）是贤于贵生

第 76 章　柔弱之德

人之生也柔弱，其死也坚强。

万物草木之生也柔脆，其死也枯槁。

故坚强者死之徒，柔弱者生之徒。

是以兵强则不胜，木强则兵。强大处下，柔弱处上。

第 77 章　道者之德

天之道，其犹张弓与？

高者抑之，下者举之；有余者损之，不足者补之。

天之道，损有余而补不足。

人之道，则不然，损不足以奉有余。

孰能有余以奉天下？唯有道者。

是以圣人为而不恃，功成而不处，其不欲见贤。

第 78 章　正言若反

天下莫柔弱于水，而攻坚强者莫之能胜，

以其无以易之。

弱之胜强，柔之胜刚，天下莫不知，莫能行。

是以圣人云：

受国之垢，是谓社稷主；受国不祥，是为天下王。

正言若反。

第 79 章 ** 报怨以德

和大怨,必有余怨,报怨以德,安可以为善?
是以圣人执左契,而不责于人。
有德司契,无德司彻。
天道无亲,常与善人。

王弼本:
(报怨以德,安可以为善)安可以为善

第 80 章 和谐天下

小国寡民。
使有什伯之器而不用,使民重死而不远徙。
虽有舟舆,无所乘之;虽有甲兵,无所陈之。
使民复结绳而用之。
甘其食,美其服,安其居,乐其俗。
邻国相望,鸡犬之声相闻,民至老死,不相往来。

第 81 章 无私之德

信言不美,美言不信。
善者不辩,辩者不善。
知者不博,博者不知。
圣人不积,既以为人己愈有,既以与人己愈多。
天之道,利而不害;圣人之道,为而不争。

附录七

老子其人

《史记·老子韩非列传》节选

【原文】

老子者,楚苦县厉乡曲仁里人也。姓李氏,名耳,字聃,周守藏室之史也。

孔子适周,将问礼于老子。老子曰:"子所言者,其人与骨皆已朽矣,独其言在耳。且君子得其时则驾,不得其时则蓬累而行。吾闻之,良贾深藏若虚,君子盛德,容貌若愚。去子之骄气与多欲,态色与淫志。是皆无益于子之身,吾所以告子,若是而已。"孔子去,谓弟子曰:"鸟吾知其能飞,鱼吾知其能游,兽吾知其能走,走者可以为罔,游者可以为纶,飞者可以为矰。至于龙,吾不能知,其乘风云而上天。吾今日见老子,其犹龙邪!"

老子修道德,其学以自隐无名为务。居周久之,见周之衰,乃遂去。至关,关令尹喜曰:"子将隐矣,强为我著书。"于是老子乃著书上下篇,言道德之意五千余言而去,莫知其所终。

或曰，老莱子，亦楚人也，著书十五篇，言道家之用，与孔子同时云。

盖老子百有六十余岁，或言二百余岁，以其修道而养寿也。

自孔子死之后百二十九年，而史记周太史儋见秦献公曰："始秦与周合，合五百岁而离，离七十岁而霸王者出焉。"或曰儋即老子，或曰非也，世莫知其然否。老子，隐君子也。

老子之子名宗，宗为魏将，封于段干。宗子注，注子宫，宫玄孙假，假仕于汉孝文帝。而假之子解为胶西王卬太傅，因家于齐焉。

世之学老子者则绌儒学，儒学亦绌老子。"道不同不相为谋"，岂谓是邪？李耳无为自化，清静自正。

【译文】

老子是楚国苦县厉乡曲仁里人①。姓李，名耳，字聃，做过周朝掌管藏书室的史官。

孔子前往周都，想向老子请教礼的学问。老子说："您所说的礼，倡导它的人骨头都已经腐烂了，只有他的言论还在。况且君子有时运，就驾车做官，无时运，就像蓬草一样随风飘转随大流。我听说，善于经商的人会把财货隐藏起来，好像什么东西也没有，

---

① 今河南省鹿邑县，或是安徽省涡阳县。

君子具有高尚的品德，而他的容貌好像很愚钝。抛弃您的骄傲之气和过多的欲望，抛弃您做作的情态和满溢的志向，这些对于您自身都是没有好处的。我能告诉您的，就这些罢了。"孔子离去以后，对弟子们说："鸟，我知道它能飞；鱼，我知道它能游；兽，我知道它能跑。会跑的可以织网捕获它，会游的可制成丝线去钓它，会飞的可以用箭去射它。至于龙，我就不知道如何把控他，因为他能驾着风而飞腾升天。我今天见到的老子，大概就像龙一样吧！"

老子研究道德学问，他的学说以不求名位的方式修身做事为核心。他在周都住了很久，见周朝衰微了，于是就离开周都。到了函谷关，关令尹喜对他说："您就要隐居了，一定要为我们写一本书吧。"于是老子就撰写了一本书，分上下两篇，阐述了道与德的意义，共五千多字，然后才离去，没有人知道他的下落。

有的人说老子是指老莱子，他也是楚国人，著书十五篇，阐述的是道家的功用，和孔子是同一时代的人。

据说老子活了一百六十多岁，也有的人说活了二百多岁，这是因为他能修道而长寿的啊。

孔子死后一百二十九年，史书记载周太史儋会见秦献公时，曾预言说："秦国与周朝会合并在一起，合五百年而又分开，分开七十年之后，就会有其他称王称霸的人出现。"有的人说太史儋就是老子，也有的人说不是，世上没有人知道哪种说法正确。总之，老子是一位"隐君子"（隐士）。

老子的儿子叫（李）宗，做过魏国的将军，封地在段干。（李）宗的儿子叫（李）注，（李）注的儿子叫（李）宫，（李）宫的玄孙叫（李）假，（李）假在汉文帝时做过官。而（李）假的儿子（李）解担任过胶西王刘卬的太傅，因此，（李）氏家就定居在齐地。

社会上信奉老子学说的人就贬低儒学，信奉儒家学说的人也贬低老子学说。"道不同不相为谋"（主张不同的人，说不到一起），难道说的就是这个事吗？李耳认为，无为而治，百姓自然生生不息；清静为政，百姓自然行于正道。

【导读】

《史记》的这个记载，并未直接明确老子的确切身份。里面提到了三人，李耳、老莱子、太史儋，但其中谁是老子并未给出明确结论，但能看出来还是偏重李耳。长久以来，人们也普遍认为李耳是老子。笔者也认同这一看法，关键在于两点，一是上文及历史的其他记载支持老子与孔子在年代上有交集，二是同时代的李耳曾为周守藏室之史，而且这两点的考据也比较可靠。第一点证明了老子的生活年代；第二点，说明同一时期的李耳著《老子》会比较有条件和可能性，毕竟历史上有多位著名思想家都有图书馆管理员的经历。

老莱子是老子的可能性也不能排除，毕竟也有著书15篇，也说道，但可惜该书据记载失传了；同时他也是孔子同时代的，且有孔子问道老莱子的记载，但记载不够清晰和直接。太史儋不与孔子同时代，基本可以排除。

另外，随着考古的新发现，近些年来，有些人认为老子是西周时期的单逨。这个说法，源起2003年陕西眉县杨家村出土的西周窖藏27件青铜器。其上4000余字铭文记载了单逨及其单氏家族8代人辅佐西周12位周王伐商纣、建周邦、征荆楚、讨狨狁、管山林，以及因功受册封赏赐等重要活动。铭文证明了单逨及其家族显赫的历史，加之其他史料，一些作者似乎找到了一些论据从而推理出单遫是老子及著《老子》。但笔者在这些铭文及其他相关史料中，还未发现有力的相关证据，同时，有很重要的一点是单遫与孔子没有年代上的交集，他比孔子要早200年，而如上所述老子与孔子有年代交集的考据比较可靠。因此，笔者认为单遫是老子或著《老子》的考据不足，而否定的考据反而比较可靠一些。

综上所述，老子是李耳并著《老子》的结论，虽无足够证据，但相对最可靠；老子是其他人或其他人著《老子》的可能性相对较小或极小。